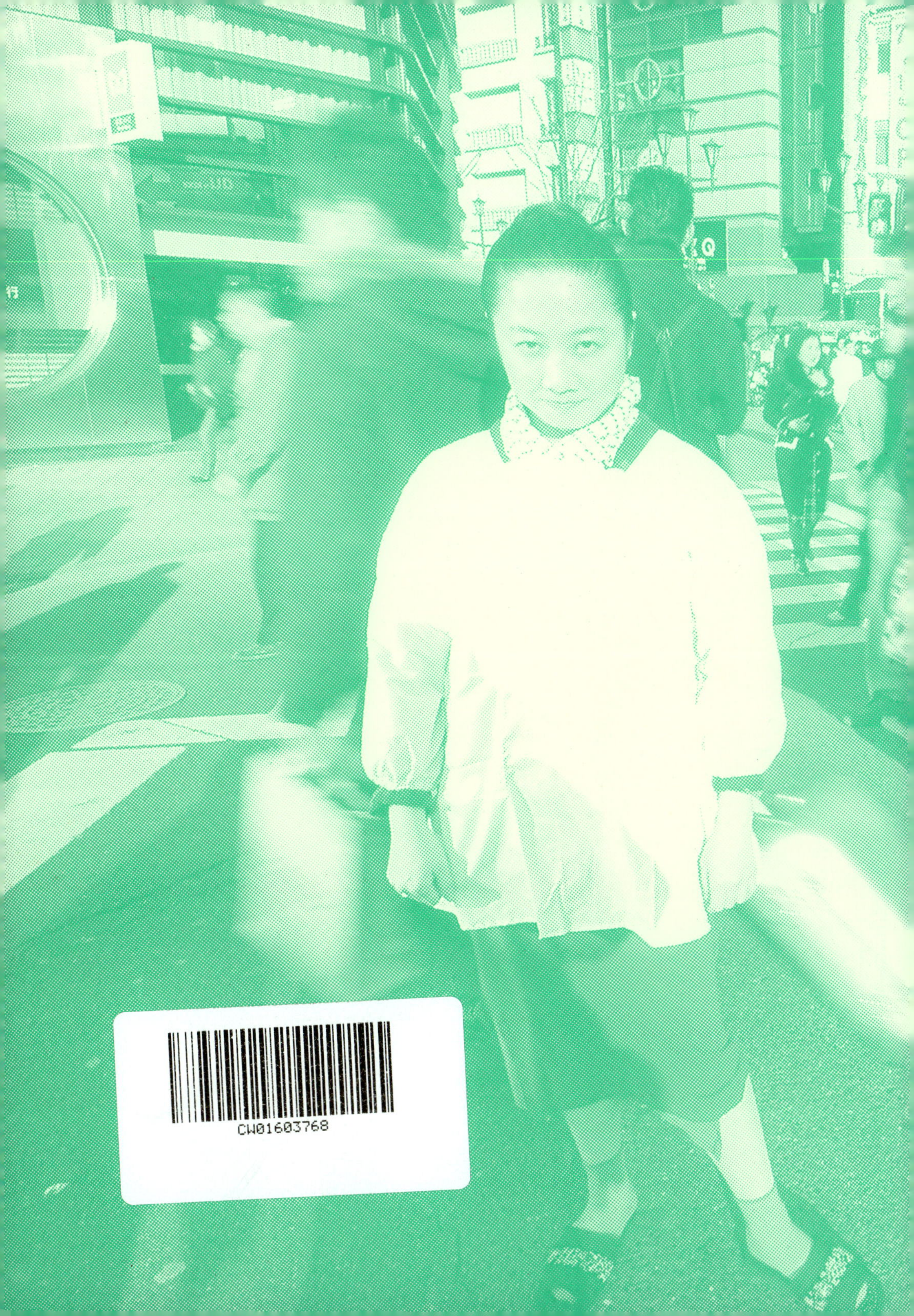

毎日かあさん

2

お入学編

西原理恵子
Rieko Saibara

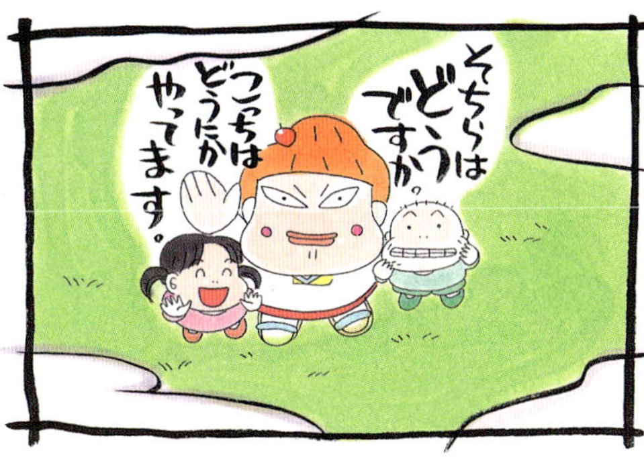

もくじ

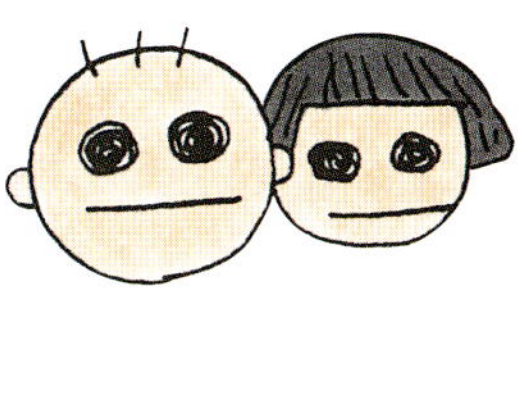

【装丁】星野ゆきお（VOLARE inc.）
【作画協力】麓愛
【写真】中村琢磨（毎日新聞出版写真部）
【編集】志摩和生（毎日新聞エコノミスト編集部）

西原理恵子オフィシャルホームページ「鳥頭の城」
http://www.toriatama.net/

へいがあったら
のりこえる。
石があったら
なげる。
水があったら入る。
どんどん ずんずん
どんどん ずんずん
お前ら どこへ
行くつもりだ。

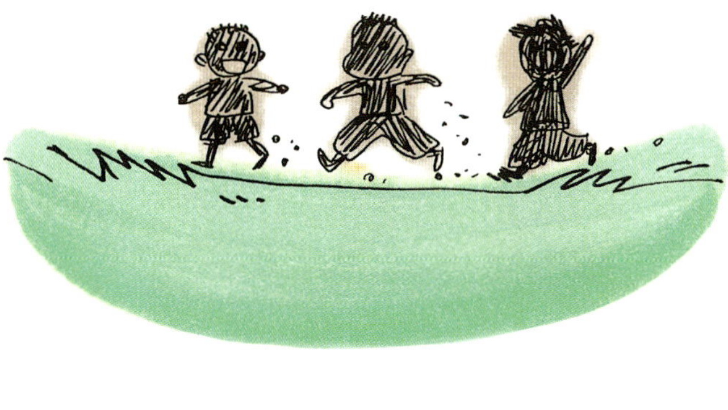

特別な日

このあいだから
お兄ちゃんが
私より
たいせつに
されていると
思うの。

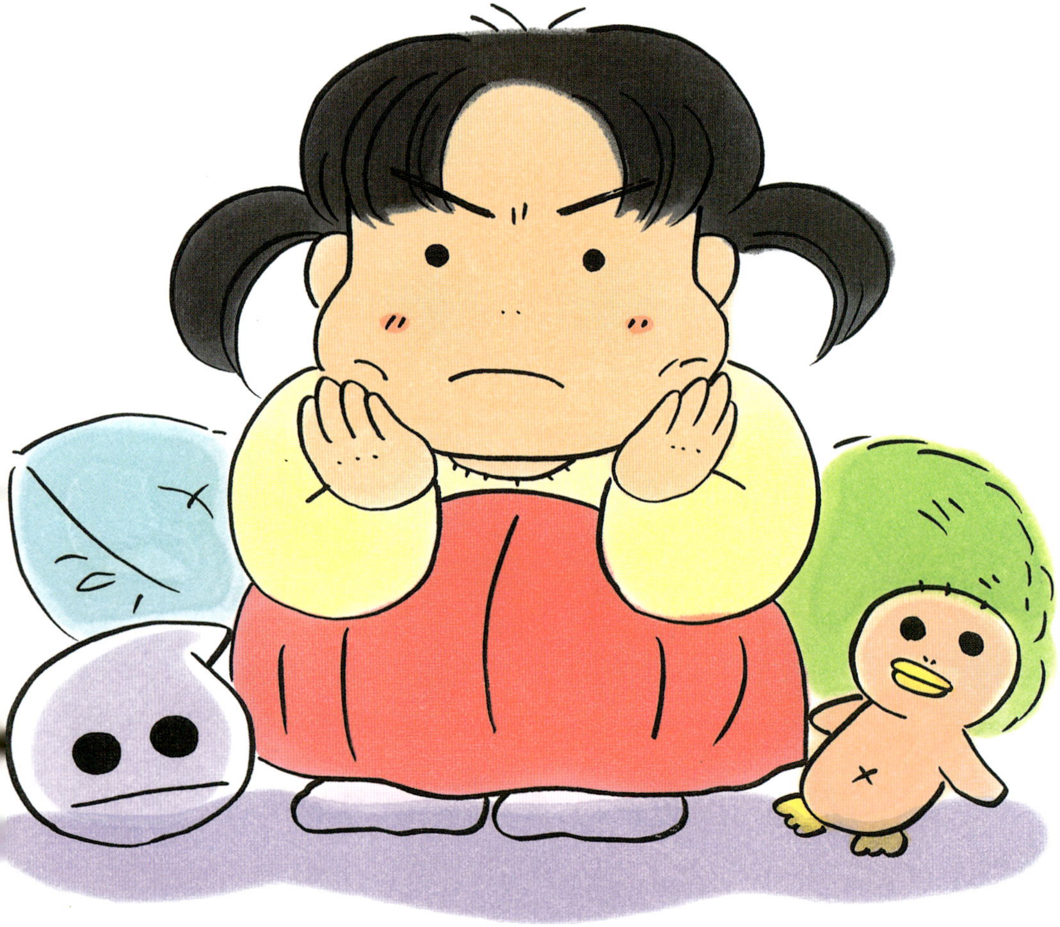

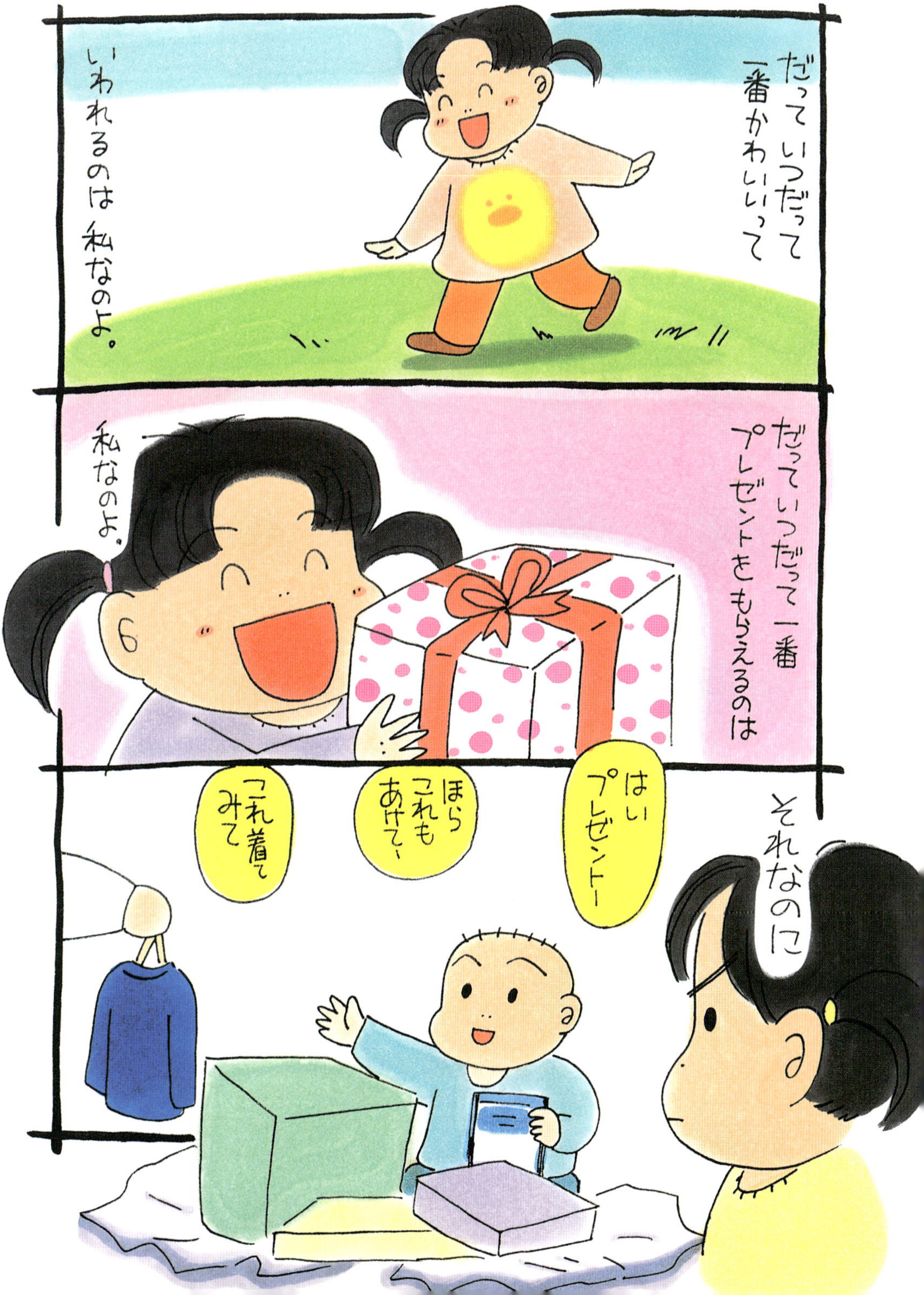
だっていつだって
一番かわいいって
いわれるのは 私なのよ。
だっていつだって一番
プレゼントをもらえるのは
私なのよ。
それなのに
はい
プレゼントー
ほら
これも
あけてー
これ着て
みて

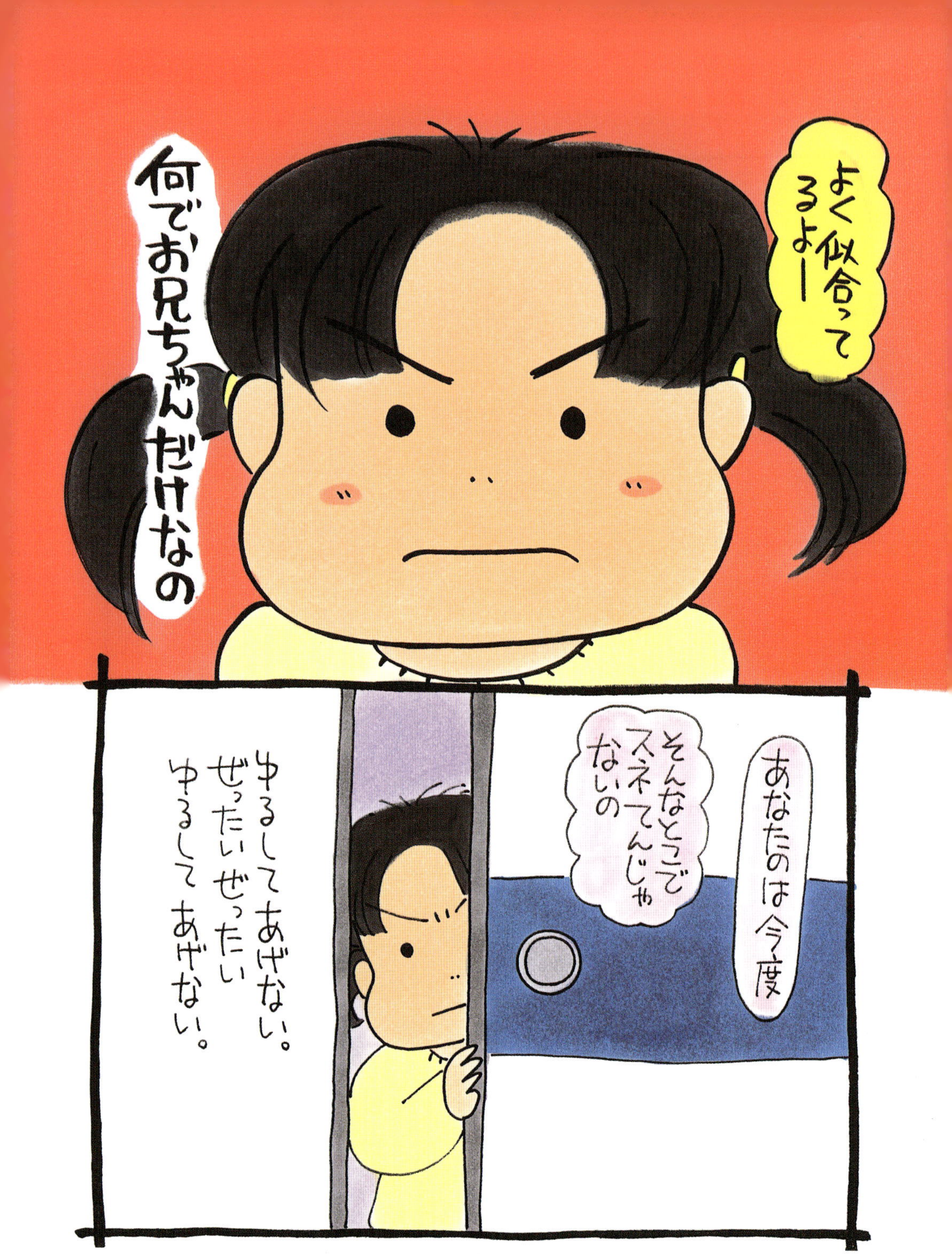
よく似合ってるよー
何でお兄ちゃんだけなの
あなたのは今度
そんなとこでスネてんじゃないの
ゆるしてあげない。ぜったいぜったいゆるしてあげない。

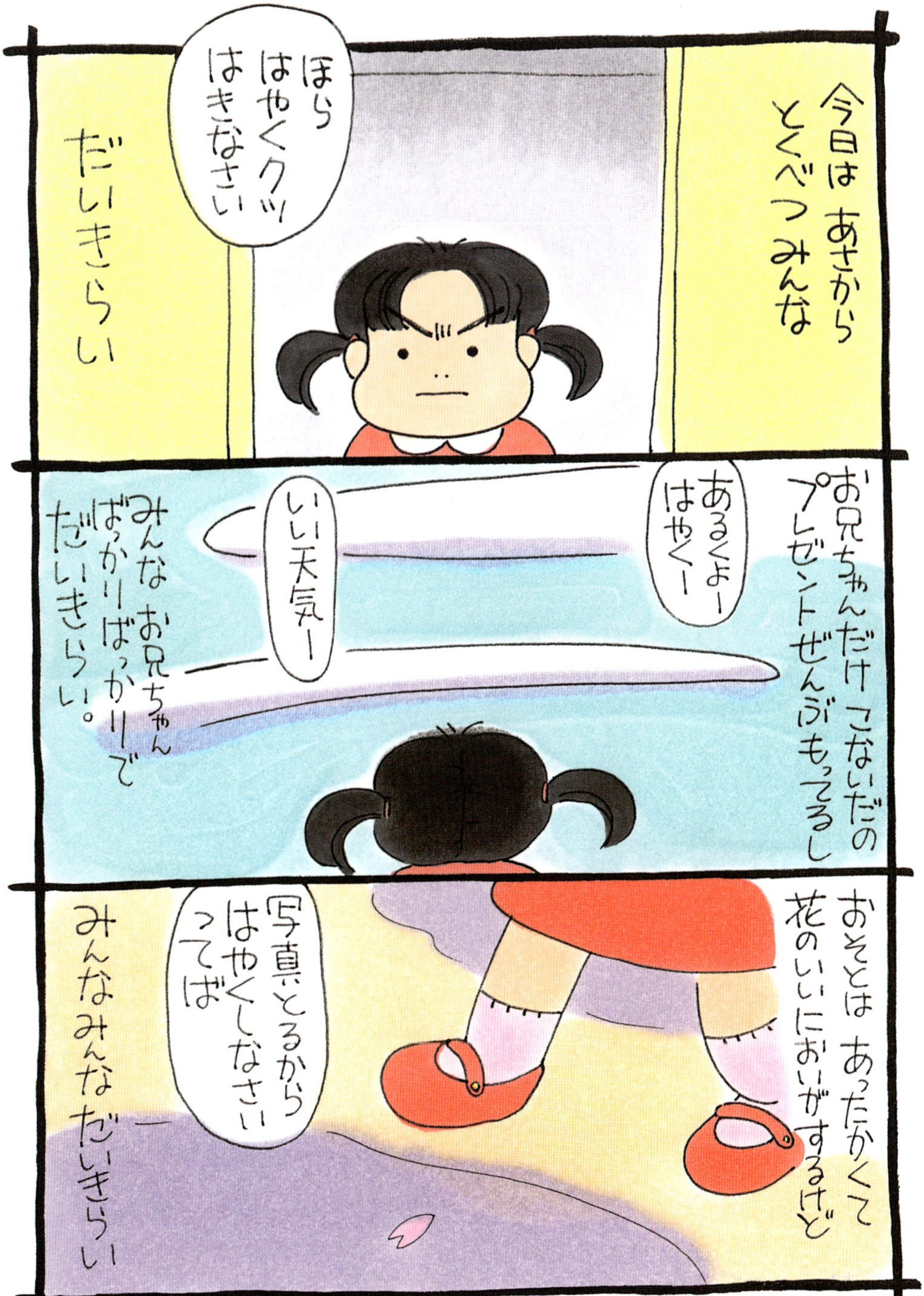
今日は あさから
とくべつ みんな
ほら
はやくクツ
はきなさい
だいきらい
お兄ちゃんだけ こないだの
プレゼント ぜんぶ もってるし
あるくよー
はやくー
いい天気ー
みんな お兄ちゃん
ばっかり ばっかり ばっかりで
だいきらい。
おそとは あったかくて
花のいいにおいがするけど
写真とるから
はやくしなさい
ってば
みんなみんな だいきらい

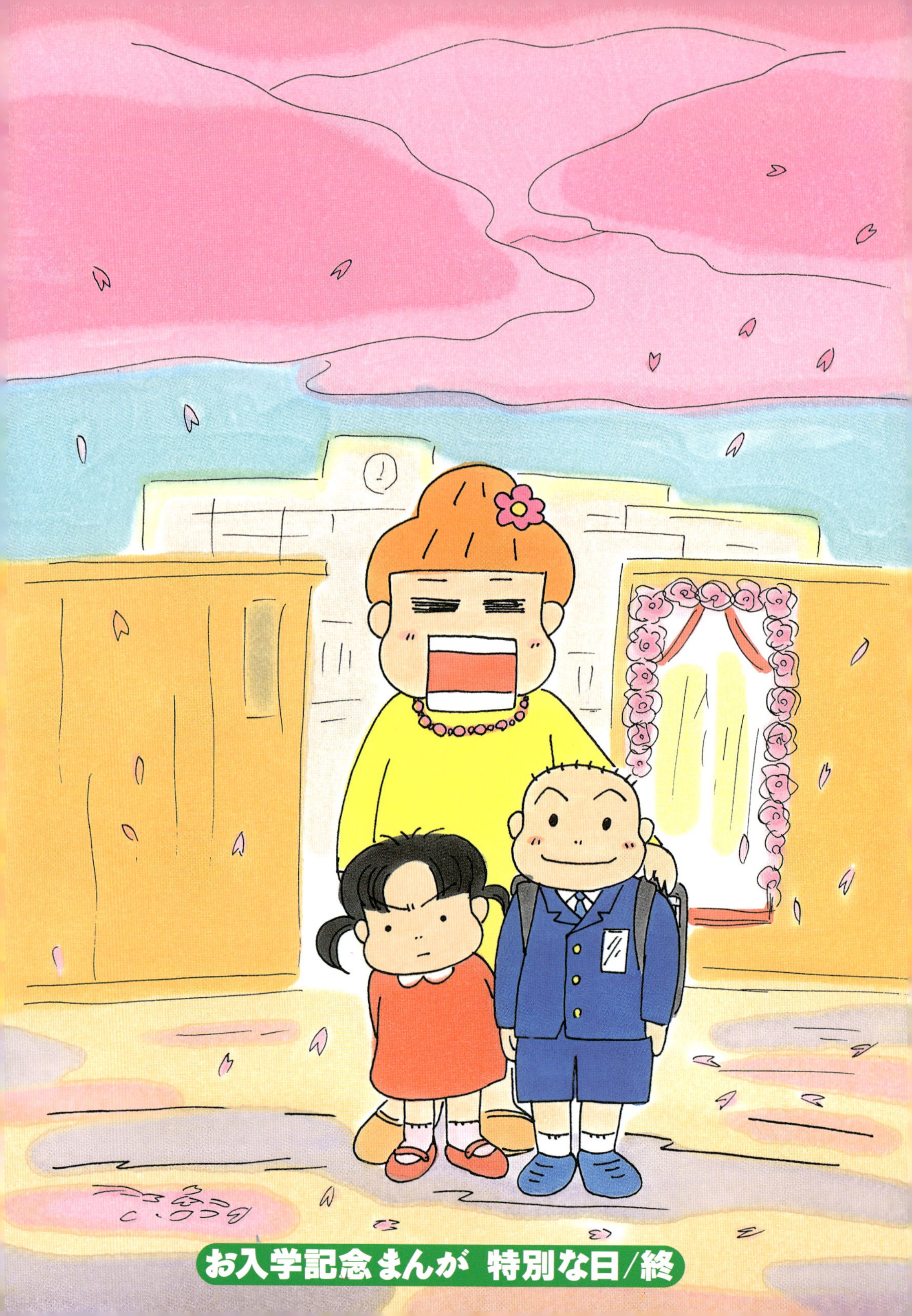
お入学記念まんが 特別な日/終

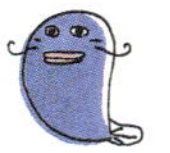

ぐりー

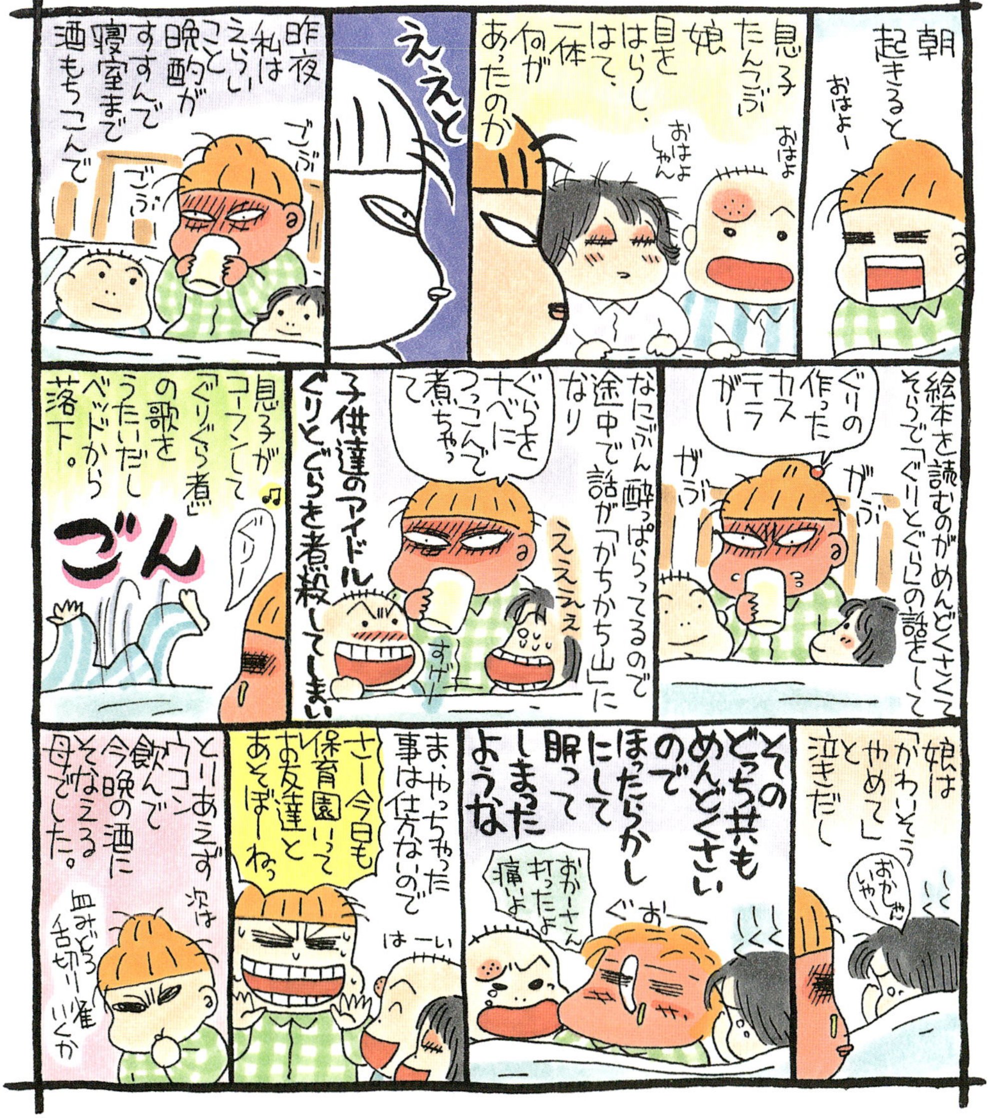

朝起きると
おはよー
息子たんこぶ
娘目をはらし、
はて、一体何があったのか
おはよ
おはよしゃん
ええと
昨夜私はえらいこと晩酌がすすんで寝室まで酒もちこんで
ごぶ
ごぶ
絵本を読むのがめんどくさくてそらで「ぐりとぐら」の話をして
ぐりの作ったカステラがー
がぶー
がぶー
なにぶん酔っぱらってるので途中で話が「かちかち山」になり
ぐらをナベにつっこんで煮ちゃって
ええええ
すげー
子供達のアイドルぐりとぐらを煮殺してしまい
息子がコーフンして「ぐりぐら煮」の歌をうたいだしベッドから落下。
ぐりー
ごん
娘は「かわいそうやめて」と泣きだし
おかしゃんいやー
しくしく
そのどっち共もめんどくさいのでほったらかしにして眠ってしまったような
おかーさん打ったよ痛いよ
ぐおー
しくしく
ま、やっちゃった事は仕方ないので
さー今日も保育園いってお友達とあそぼーねっ
はーい
とりあえずウコン飲んで今晩の酒にそなえる母でした。
次は血みどろ舌切り雀いくか

最後のカニ母

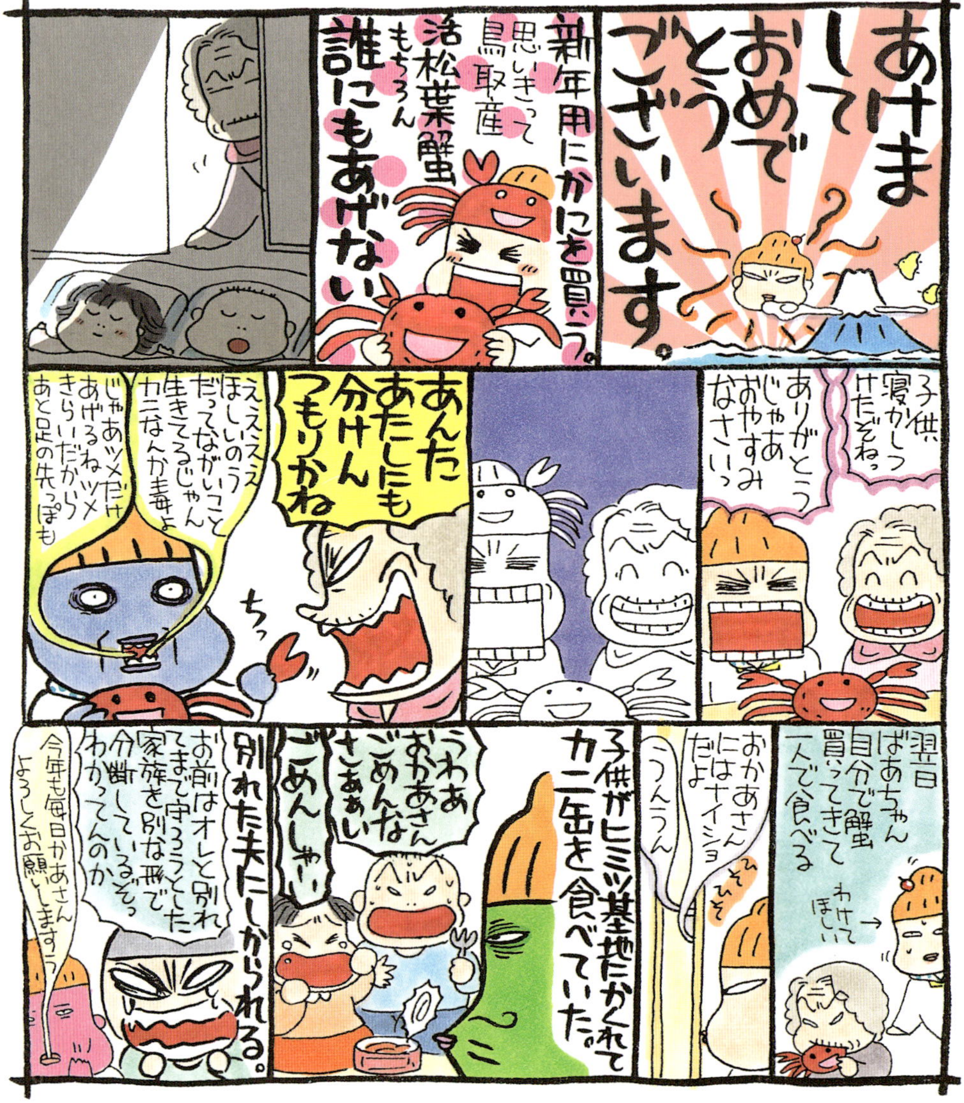

あけましておめでとうございます。
新年用にかにを買う。
思いきって鳥取産
活松葉蟹
もちろん
誰にもあげない
子供寝かしつけたぞね。
ありがとうじゃあおやすみなさいっ
あんたあたしにも分けんつもりかね
ちっ
えええええほしいのう
だってながいこと生きてるじゃんカニなんか毒よ
じゃあツメだけあげるねツメきらいだからあと足の先っぽも
翌日ばあちゃん自分で蟹買ってきて一人で食べる
わけてほしい
おかあさんにはナイショだよ
うんうん
ひそひそ
子供がヒミツ基地にかくれてカニ缶を食べていた。
うわあおかあさんごめんなさあああい
ごめんしゃーい
別れた夫にしかられる。
お前はオレと別れてまで守ろうとした家族を別な形で分断しているぞっわかってんのか
今年も毎日かあさんよろしくお願いしますぅ

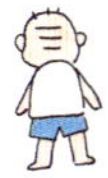

パゲ

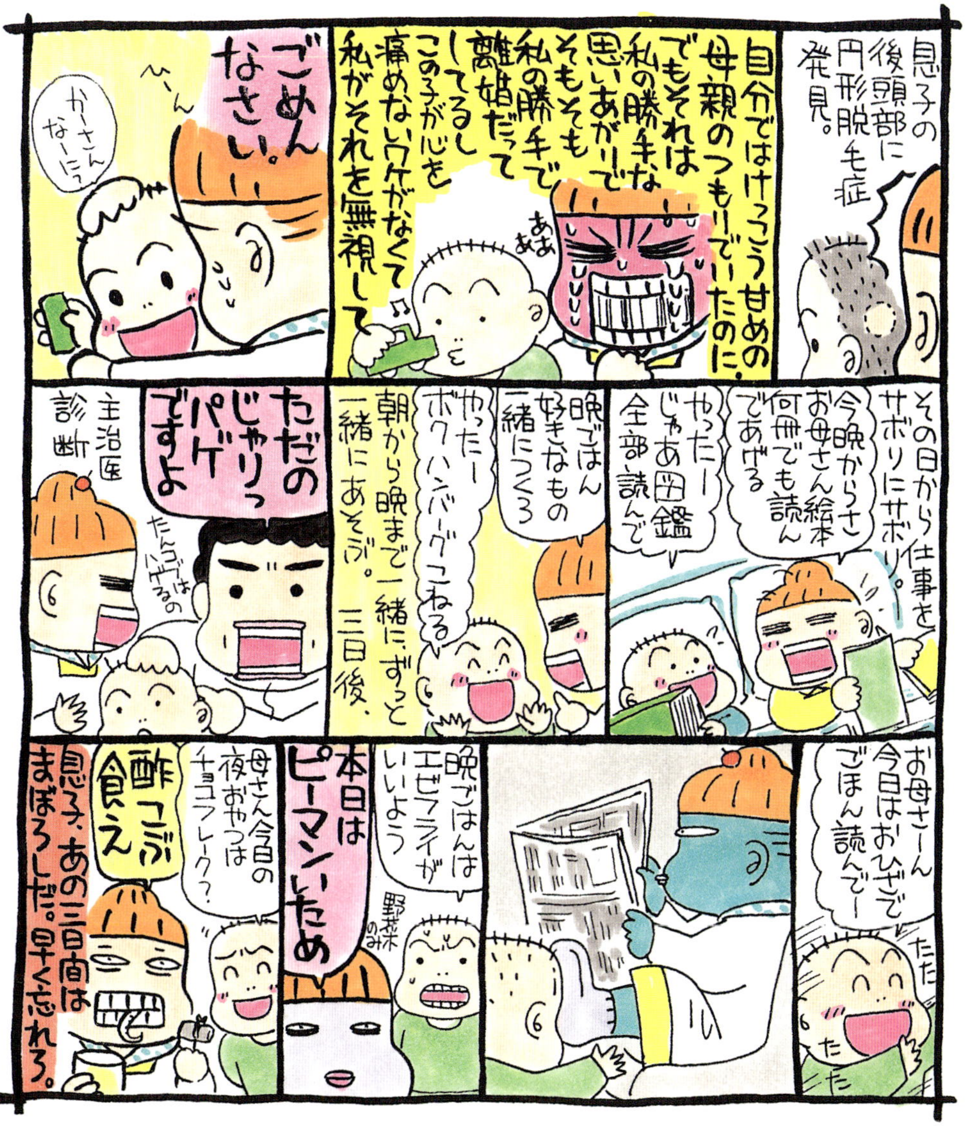

息子の後頭部に円形脱毛症発見。
自分ではけっこう甘めの母親のつもりでいたのに。でもそれは私の勝手な思いあがりで そもそも私の勝手で離婚だってしてるし この子が心を痛めないワケがなくて 私がそれを無視して
ああ
ごめんなさい。
かーさん なーに?
その日から仕事をサボりにサボり。
今晩からさ お母さん絵本何冊でも読んであげる
やったー じゃあ図鑑全部読んで
晩ごはん好きなもの一緒につくろ
やったー ボクハンバーグこねる
朝から晩まで一緒に、ずっと一緒にあそび。
三日後、
主治医診断
ただのじゃりっパゲですよ
たんこぶはハゲるの
お母さーん 今日はおひざでごほん読んでー
たた
たた
晩ごはんはエビフライがいいよう
本日はピーマンいため
野菜のみ
母さん今日の夜おやつはチョコフレーク?
酢こんぶ食え
息子、あの三日間はまぼろしだ。早く忘れろ。

めっ

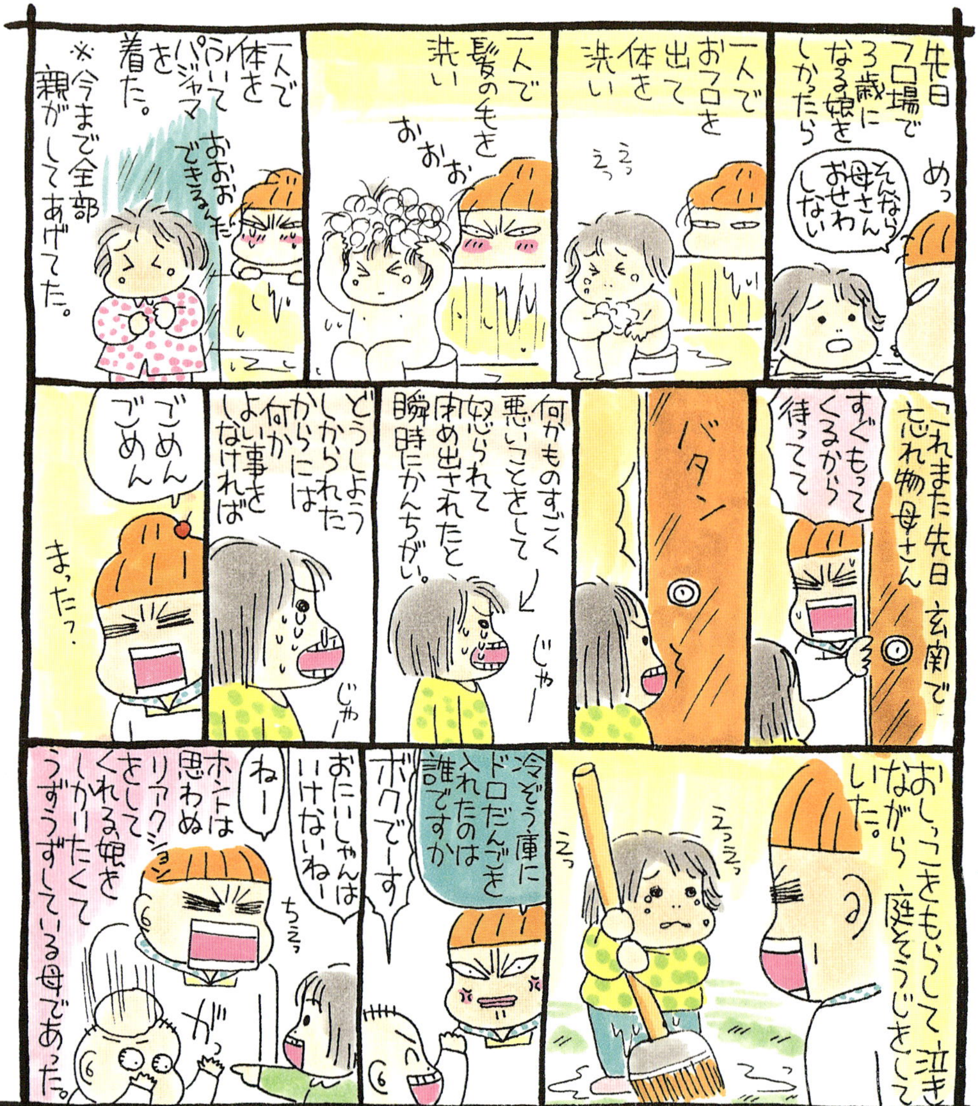

先日 フロ場で 3歳になる娘を しかったら
めっ
そんなら お母さん おせわ しない
一人で おフロを 出て 体を 洗い
えっ えっ
一人で 髪の毛を 洗い
おおお
一人で 体を ふいて パジャマ を 着た。
おおお できるんだ
※今まで全部 親がしてあげてた。
これまた先日 玄関で 忘れ物母さん
すぐもって くるから 待ってて
バタン
何かものすごく 悪いことをして 怒られて 締め出されたと 瞬時にかんちがい。
じゃー
どうしよう しかられた からには 何か よい事を しなければ
じゃー
ごめん ごめん
まったっ.
おしっこをもらして 泣きながら 庭そうじを していた。
えっえっ
えっ
冷ぞう庫に ドロだんごを 入れたのは 誰ですか
ボクでーす
おにいしゃんは いけないねー
ちぇっ
ねー
ガっ
ホントは 思わぬ リアクションを してくれる娘を しかりたくて うずうずしている母であった。

むーん

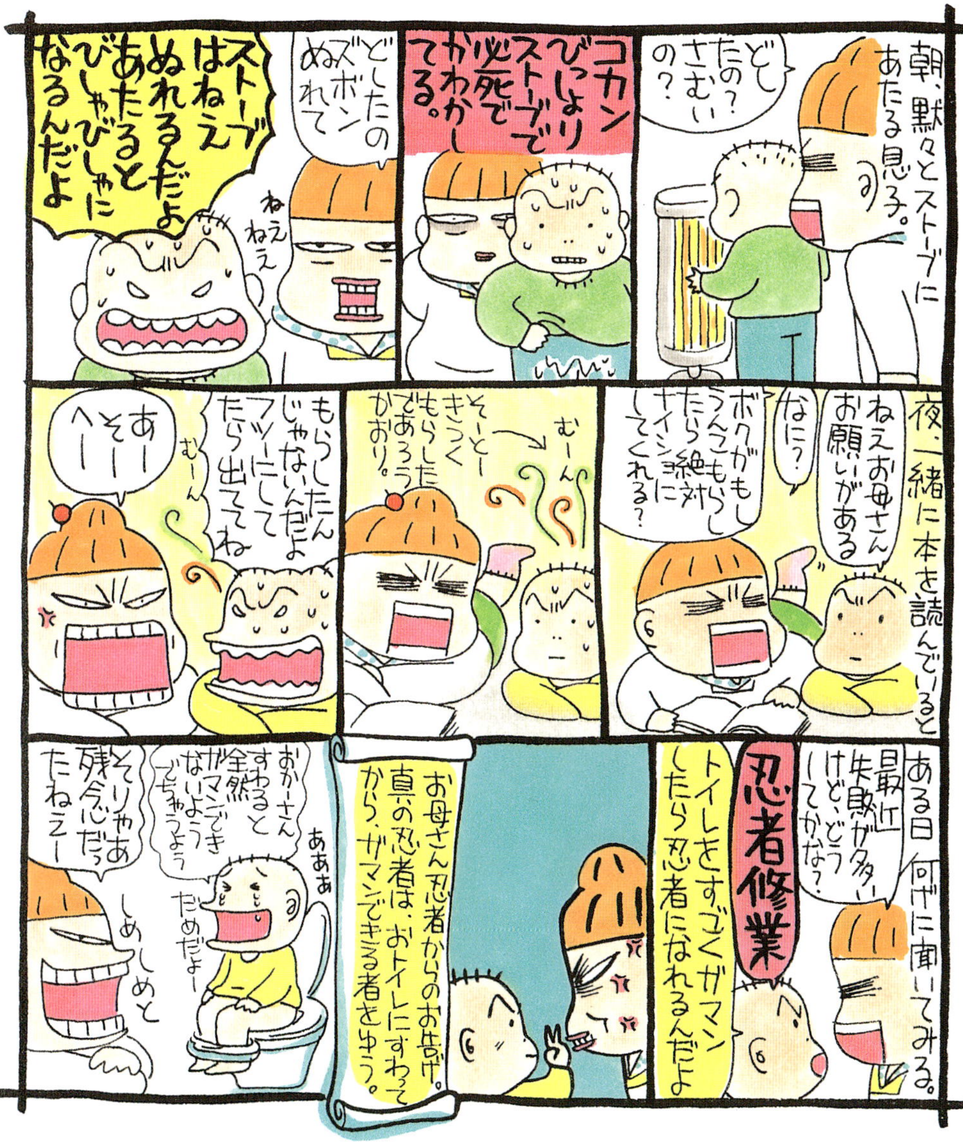

朝、黙々とストーブにあたる息子。
どしたの？さむいの？
コカンびっしょりストーブで必死でかわかしてる。
どしたのズボンぬれて
ねえねえ
ストーブはねえぬれるんだよあたるとびしゃびしゃになるんだよ
夜、一緒に本を読んでいると
ねえお母さんお願いがある
なに？
ボクがもしうんこもらしたら絶対ナイショにしてくれる？
むーん
そーとーきつくもらしたであろうかおり。
もらしたんじゃないんだよフツーにしてたら出てね
むーん
あーそーへー
ある日何げに聞いてみる。
最近失敗が多いけど、どうしてかな？
忍者修業
トイレをすごくガマンしたら忍者になれるんだよ
お母さん忍者からのお告げ。真の忍者は、おトイレにすわってから、ガマンできる者をゆう。
あああ
おかーさんすわると全然ガマンできないようでちゃうよう
だめだよー
そりゃあ残念だったねえー
しめしめと

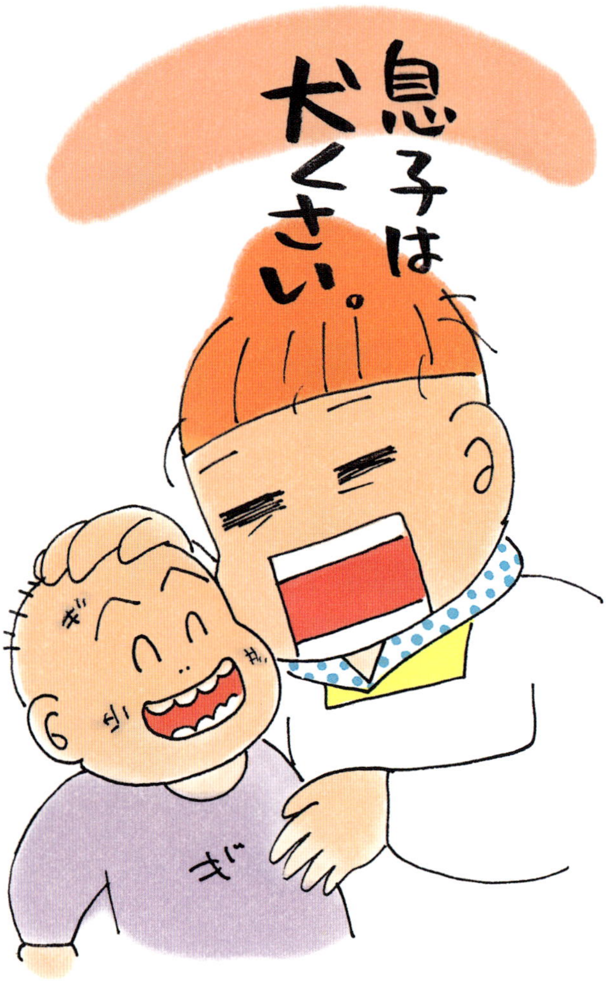
息子は
犬くさい。
ギ
ギ
ギ
ギ

基本です

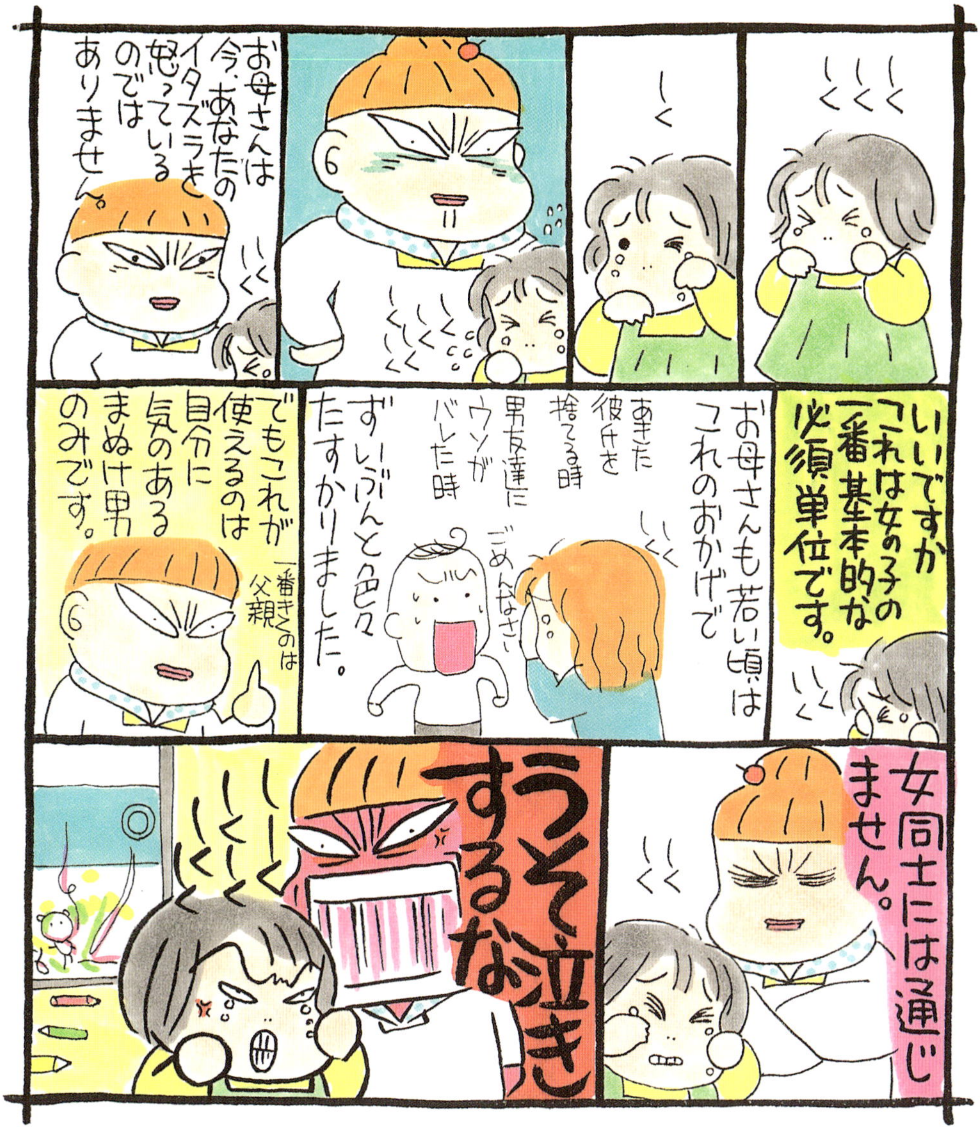

しくしくしく
しく
しくしくしく
お母さんは今、あなたのイタズラを怒っているのではありません。
しくしく
いいですか これは女の子の一番基本的な必須単位です。
しくしく
お母さんも若い頃はこれのおかげで
あきた彼氏を捨てる時
男友達にウソがバレた時
ずいぶんと色々たすかりました。
しくしく
ごめんなさい
でもこれが使えるのは自分に気のあるまぬけ男のみです。
一番きくのは父親
女同士には通じません。
しくしく
うそ泣きするな
しくしくしく

解禁

【早期教育の精霊，ひさしぶりに登場！】

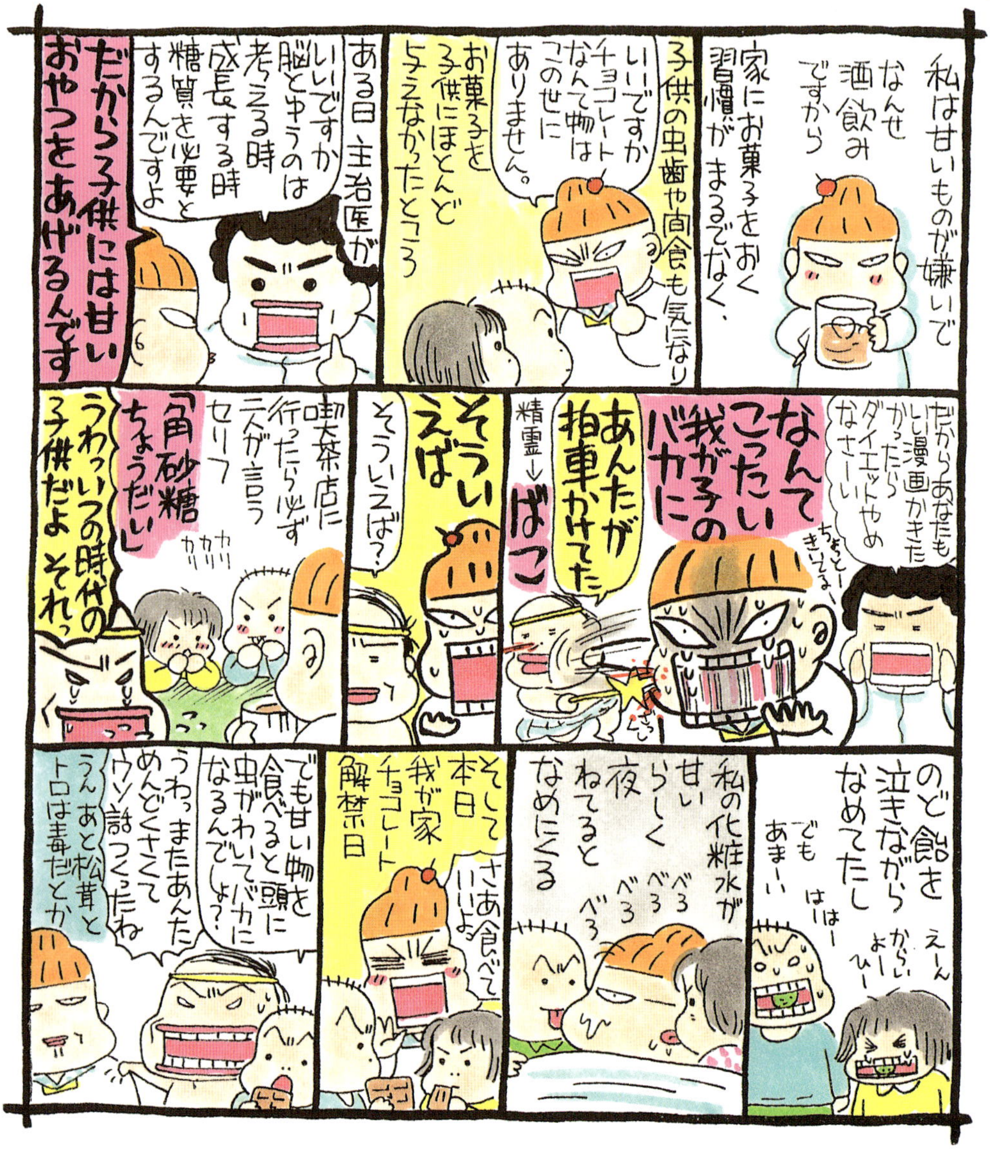

みて

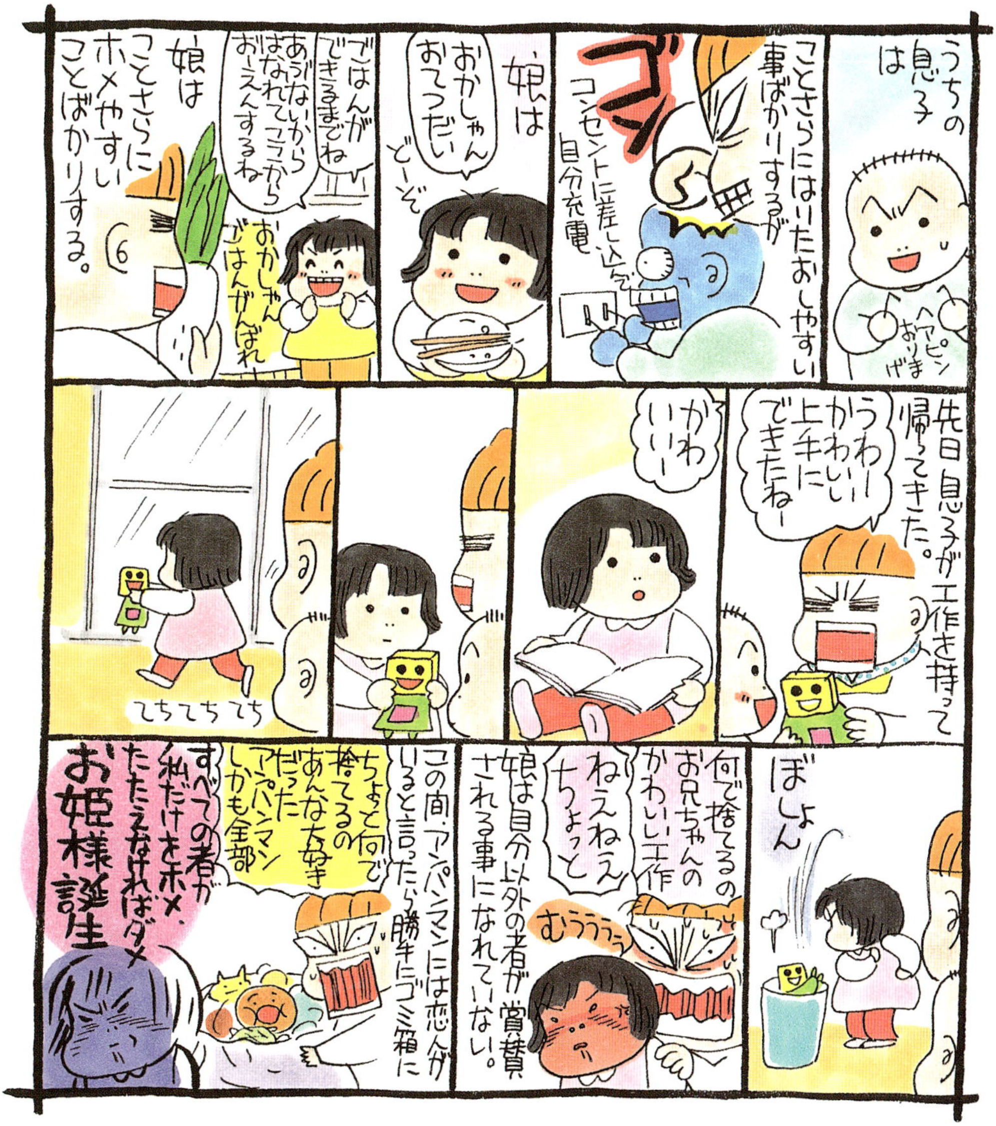
うちの息子は
ヘアピンおりまげ
ことさらにはりたおしやすい事ばかりするが
ゴン
コンセントに差し込んで自分充電
娘は
おかしゃんおてつだい
どーぞ
ごはんができるまでね
あぶないからはなれてココからおーえんするね
おかしゃんごはんがんばれー
娘はことさらにホメやすいことばかりする。
先日息子が工作を持って帰ってきた。
うわーかわいい上手にできたねー
かわいいー
てちてちてち
ぽしょん
何で捨てるのお兄ちゃんのかわいい工作
ねえねえちょっと
むううう
娘は自分以外の者が賞賛される事になれていない。
この間、アンパンマンには恋人がいると言ったら勝手にゴミ箱に
ちょっと何で捨てるのあんな大好きだったアンパンマンしかも全部
すべての者が私だけをホメ、たたえなければダメ
お姫様誕生

うしろ姿

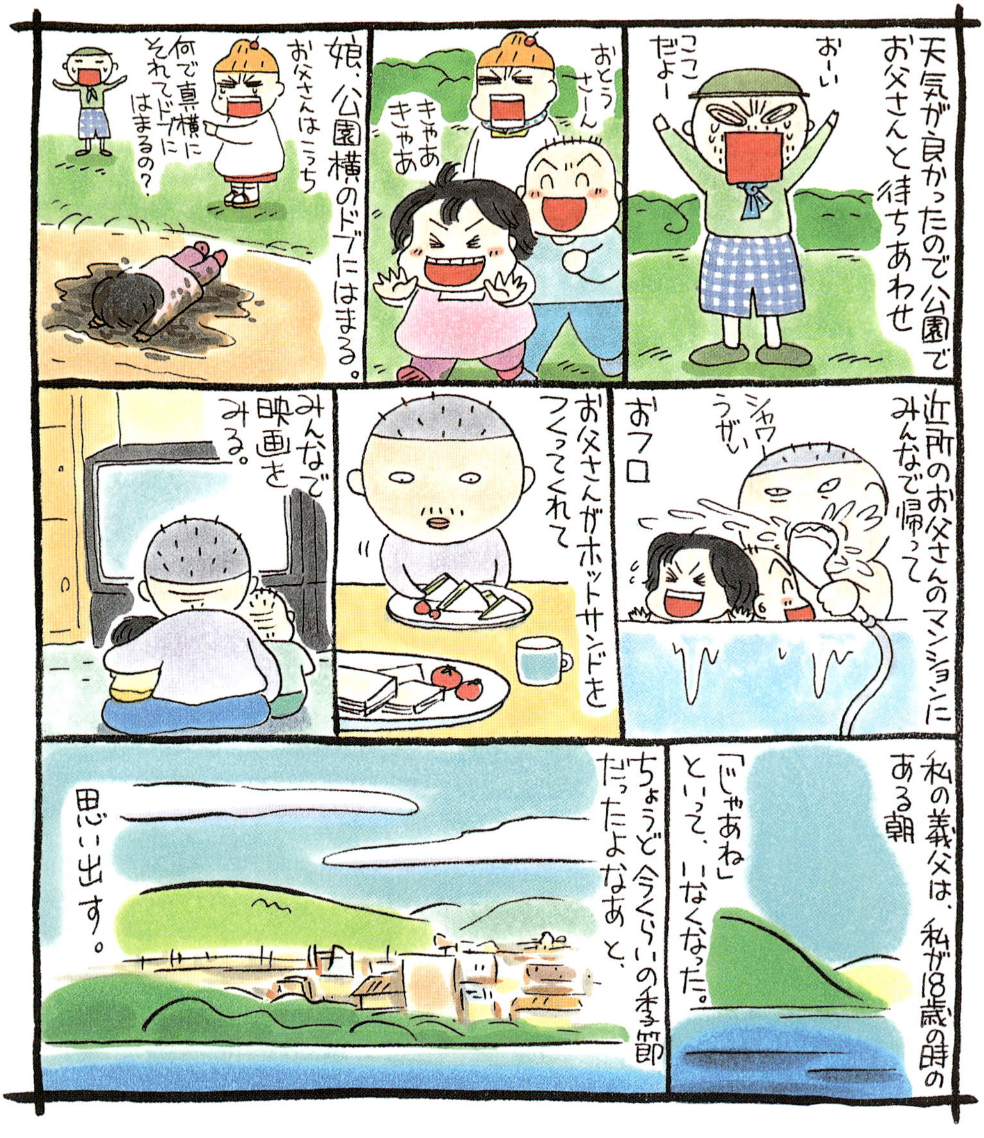

天気が良かったので公園でお父さんと待ちあわせ
お〜い
ここだよ〜
おとうさ〜ん
きゃあきゃあ
娘、公園横のドブにはまる。
お父さんはこっち
何で真横にそれてドブにはまるの？
近所のお父さんのマンションにみんなで帰って
シャワー
うがい
おフロ
お父さんがホットサンドをつくってくれて
みんなで映画をみる。
私の義父は、私が18歳の時のある朝
「じゃあね」といって、いなくなった。
ちょうど今くらいの季節だったよなあと、
思い出す。

斉藤寝具（サイト・シーイング）

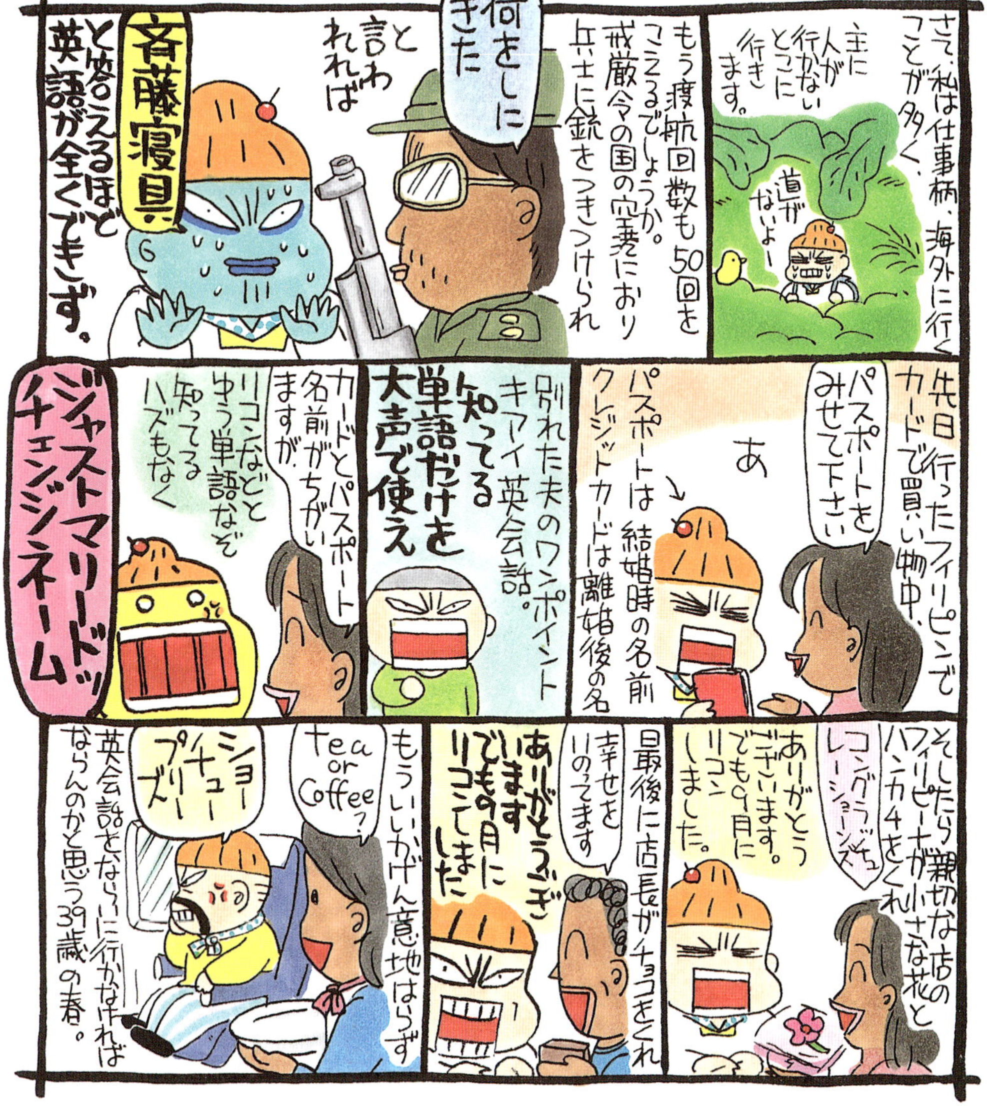

あわない

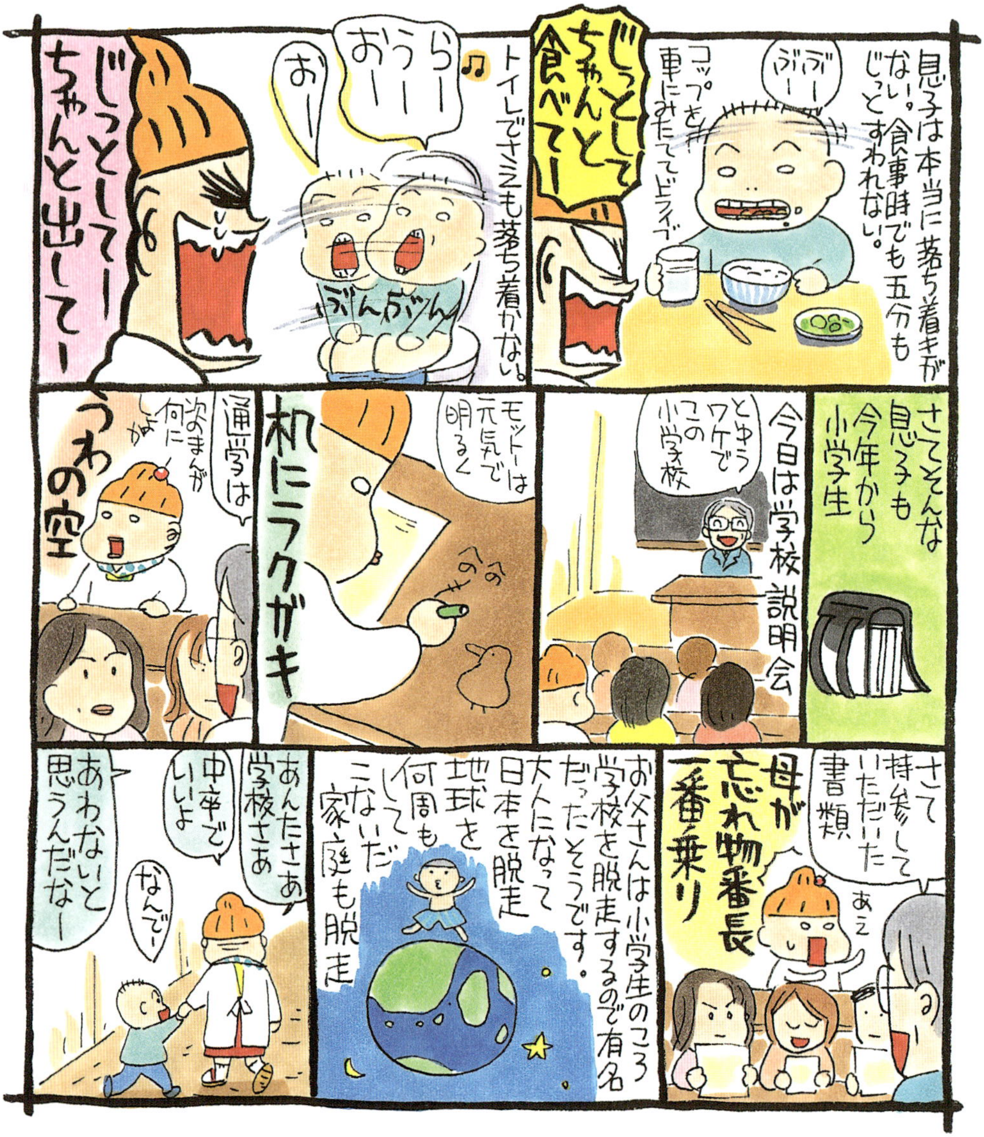

息子は本当に落ち着きがない。食事時でも五分もじっとすわれない。
ブーブー
コップを車にみたててドライブ
じっとしてちゃんと食べてー
トイレでさえも落ち着かない。
おうらー
おー
ぶんぶん
じっとしてーちゃんと出してー
さてそんな息子も今年から小学生
今日は学校説明会
とゆうワケでこの小学校
モットーは元気で明るく
机にラクガキ
通学は次のまんが何にしよか
うわの空
さて持参していただいた書類
あっ
母が忘れ物番長一番乗り
お父さんは小学生のころ学校を脱走するので有名だったそうです。
大人になって日本を脱走
地球を何周もして
こないだ家庭も脱走
あんたさあ学校さあ
中卒でいいよ
なんでー
あわないと思うんだなー

むこうの空

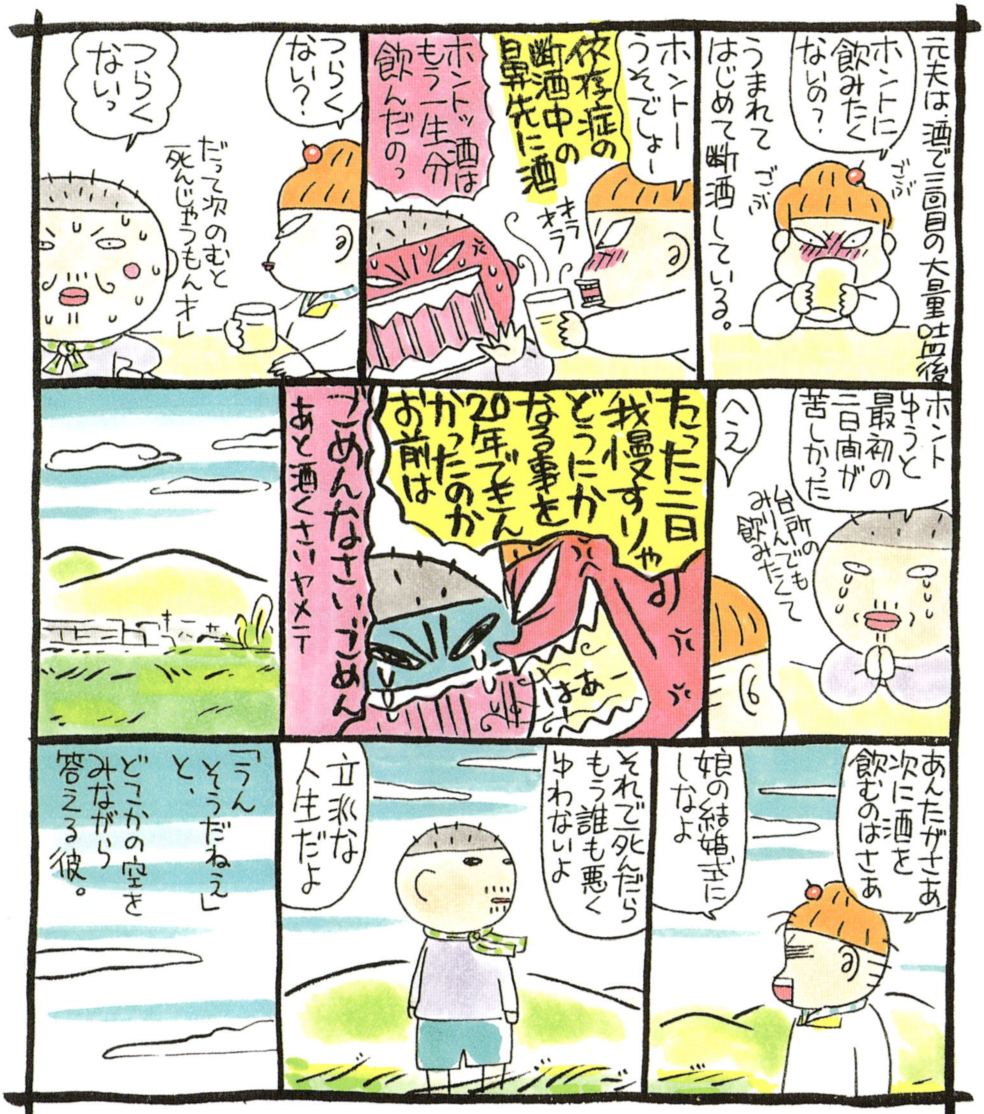

元夫は酒で三回目の大量吐血後
ホントに飲みたくないの？
ごぶ
ごぶ
うまれてはじめて断酒している。
ホントーうそでしょー
依存症の断酒中の鼻先に酒
キラキラ
ホントッ酒はもう一生分飲んだのっ
つらくない？
つらくないっ
だって次のむと死んじゃうもんネ
ホントゆうと最初の三日間が苦しかった
台所のみりんでも飲みたくて
へえ
たった三日我慢すりゃどうにかなる事を20年できんかったのかお前は
ごめんなさいごめんなさいごめん
あと酒くさいヤメテ
はあ
あんたがさぁ次に酒を飲むのはさぁ
娘の結婚式にしなよ
それで死んだらもう誰も悪くゆわないよ
立派な人生だよ
「うんそうだねえ」と、どこかの空をみながら答える彼。

うしろから
みるのが
すき

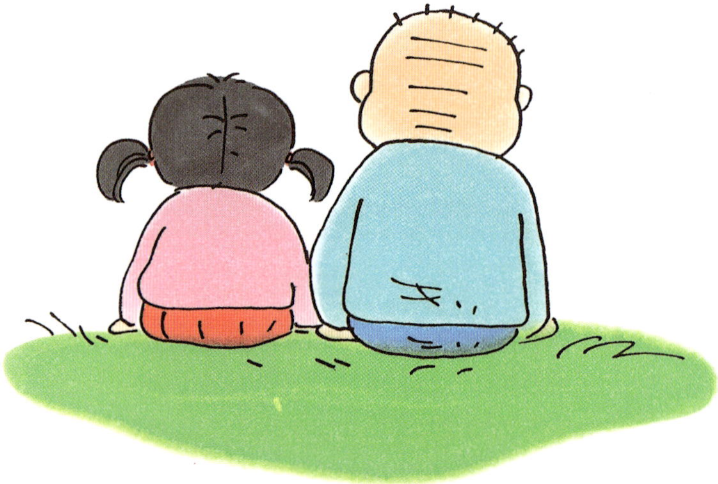

いそがしい

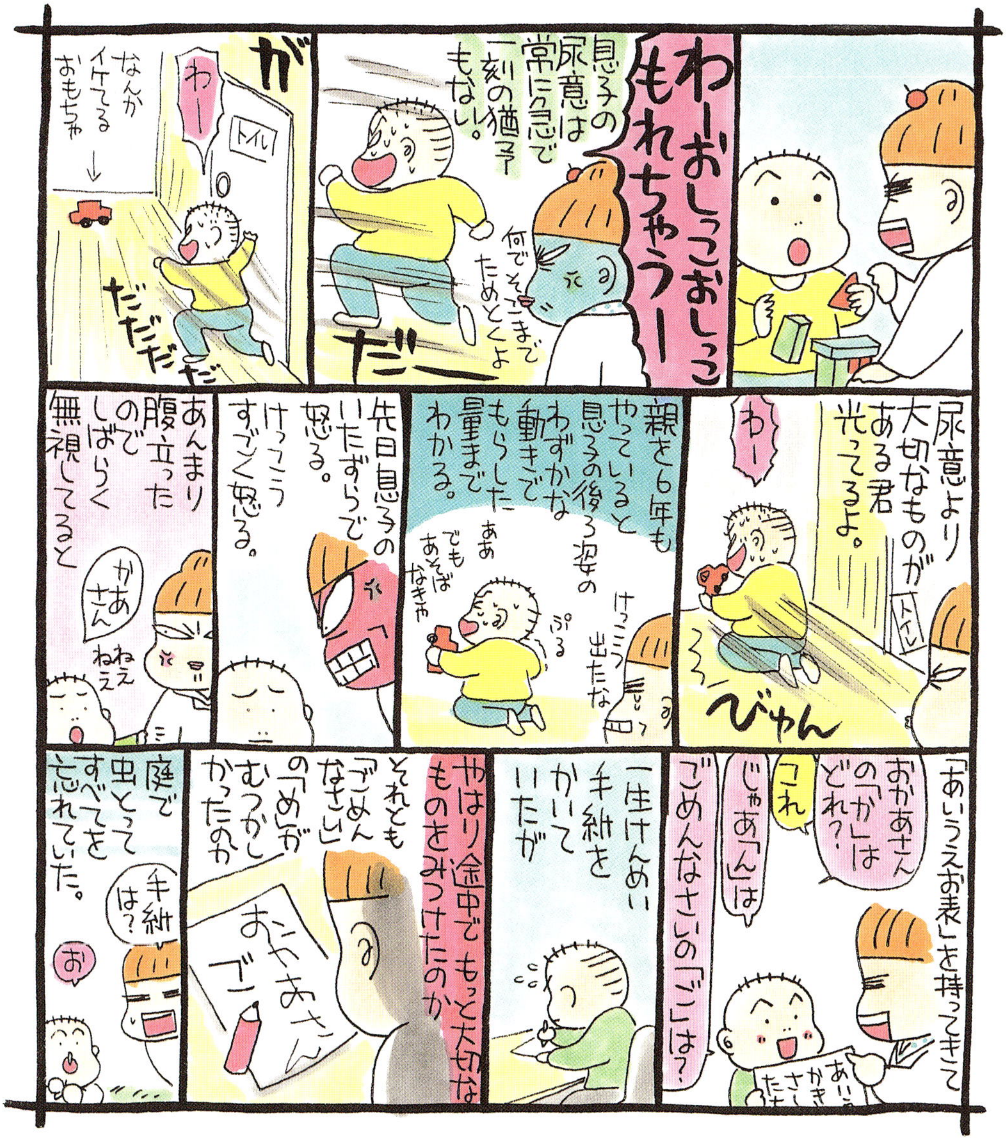

わーおしっこおしっこもれちゃうー
息子の尿意は常に急で一刻の猶予もない。
何でそこまでためとくよ
だー
ガ
わー
トイレ
なんかイケてるおもちゃ
だだだだ
尿意より大切なものがある君光ってるよ。
わー
トイレ
びゃん
親も6年もやっていると息子の後ろ姿のわずかな動きでもらした量までわかる。
けっこう出たな
ああでもあそばなきゃ
ぷる
先日息子のいたずらで怒る。けっこうすごく怒る。
あんまり腹立ったのでしばらく無視してると
かあさん
ねえねえ
「あいうえお表」を持ってきて
おかあさんの「か」はどれ?
これ
じゃあ「ん」は
ごめんなさいの「ご」は?
一生けんめい手紙をかいていたが
やはり途中でもっと大切なものをみつけたのか
それとも「ごめんなさい」の「め」がむつかしかったのか
おかあさん
ご
庭で虫とってすべてを忘れていた。
手紙は?
お

桜の季節

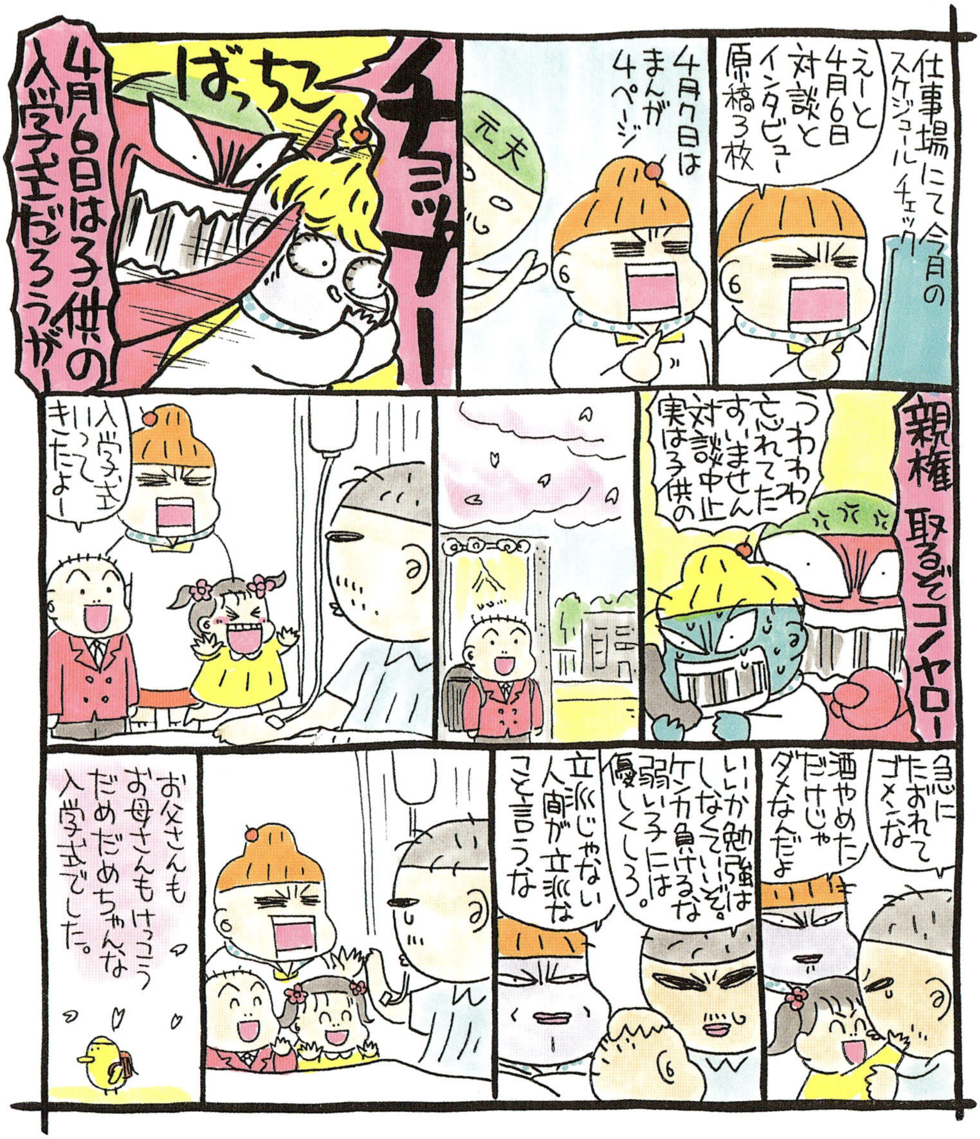

仕事場にて今月のスケジュールチェック
えーと4月6日対談とインタビュー原稿3枚
4月7日はまんが4ページ
元夫
チョップ
ばっちこ
4月6日は子供の入学式だろうが!
親権取るぞコノヤロー
うわわわ忘れてたすいません対談中止実は子供の
入学式いってきたよー
急にたおれてごめんな
酒やめただけじゃダメなんだよ
いいか勉強はしなくていいぞ。ケンカ負けるな弱い子には優しくしろ。
立派じゃない人間が立派なこと言うな
お父さんもお母さんもけっこうだめだめちゃんな入学式でした。

さあ食え

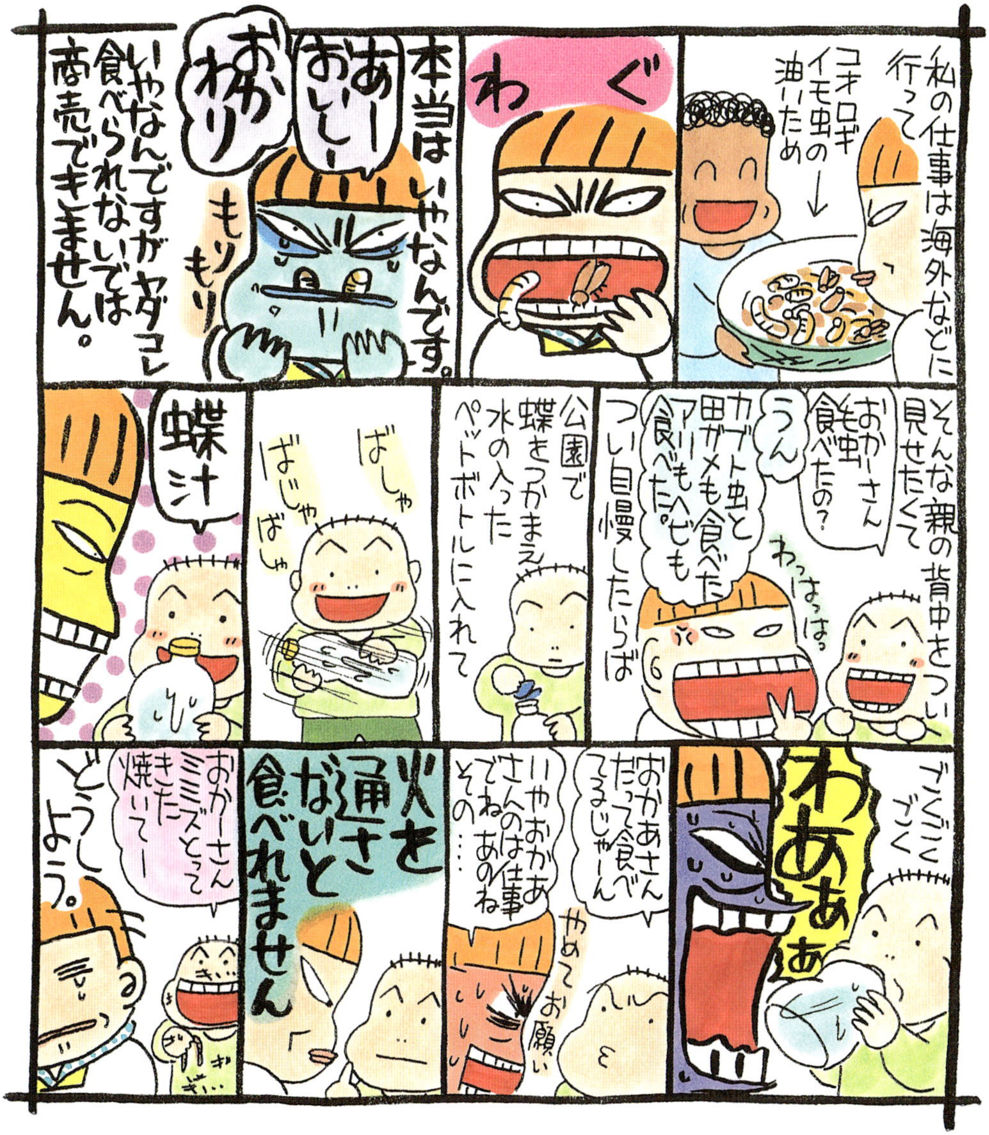

私の仕事は海外などに行って
コオロギ
イモ虫の↓
油いため
わぐ
本当はいやなんです。
あー
おいしーい
おかわり
もりもり
いやなんですがヤダコレ食べられないでは商売できません。
そんな親の背中をついつい見せたくて
おかーさん毛虫食べたの?
うん
カブト虫と田ガメも食べたアリもヘビも食べた。
わっはっは。
つい自慢したらば
公園で蝶をつかまえ水の入ったペットボトルに入れて
ばしゃ
ばじゃ
ばしゃ
蝶汁
ごくごくごく
わあああ
おかあさんだって食べてるじゃん
いやおかあさんのは仕事でね あのね その…
やめてお願い
火を通さないと食べれません
おかーさんミミズとってきた焼いてー
どうしよう。

おたますくい

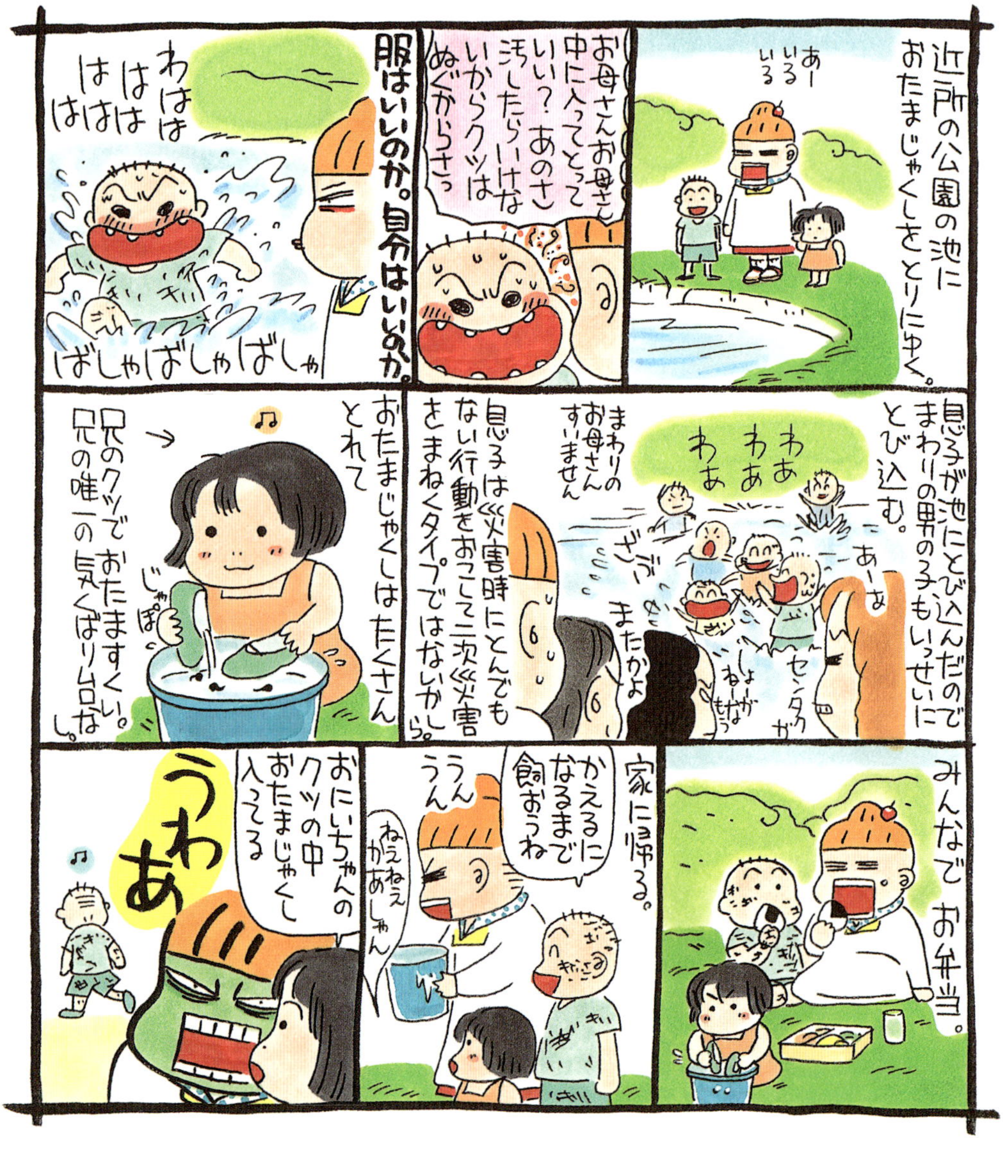

近所の公園の池におたまじゃくしをとりにゆく。
あー いる いる
お母さんお母さん中に入ってとっていい？あのさ汚したらいけないからクツはぬぐからさっ
服はいいのか。自分はいいのか。
わははははははは
ばしゃばしゃばしゃ
息子が池にとび込んだのでまわりの男の子もいっせいにとび込む。
わあ わあ わあ
あーぁ
センタクが
しょーがねーなもう
ざぶ
またかよ
まわりのお母さんすいません
息子は災害時にとんでもない行動をおこして二次災害をまねくタイプではないかしら。
おたまじゃくしはたくさんとれて
じゃぽ
→兄のクツでおたますくい。
兄の唯一の気くばりムダなし。
みんなでお弁当。
家に帰る。
かえるになるまで飼おうね
うんうん
ねえねえかあしゃん
おにいちゃんのクツの中おたまじゃくし入ってる
うわあ

おたまぴょん

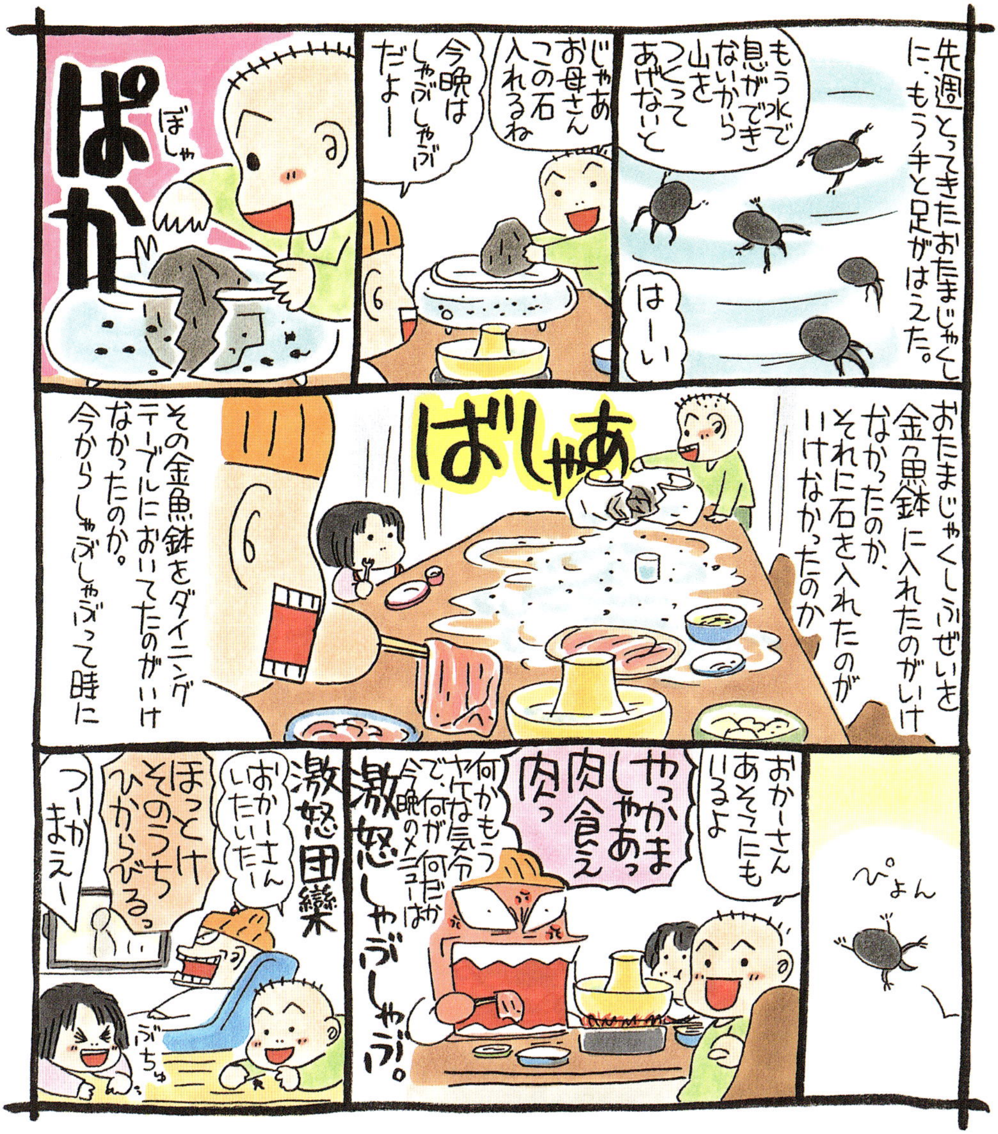
先週とってきたおたまじゃくしに、もう手と足がはえた。
もう水で息ができないから山をつくってあげないと
はーい
じゃあお母さんこの石入れるね
今晩はしゃぶしゃぶだよー
ぼしゃ
ぱか
おたまじゃくしうぜいき金魚鉢に入れたのがいけなかったのか、それに石を入れたのがいけなかったのか
ばしゃあ
その金魚鉢をダイニングテーブルにおいてたのがいけなかったのか。今からしゃぶしゃぶって時に
ぴょん
おかーさんあそこにもいるよ
やっかましゃあっ肉食え肉っ
何かもうヤケな気分で、何が何だか今晩のメニューは
激怒しゃぶしゃぶ。
激怒団欒
おかーさんいたいたー
ほっとけそのうちひからびるっ
つーかまえー
ぶちゅ

天才芸

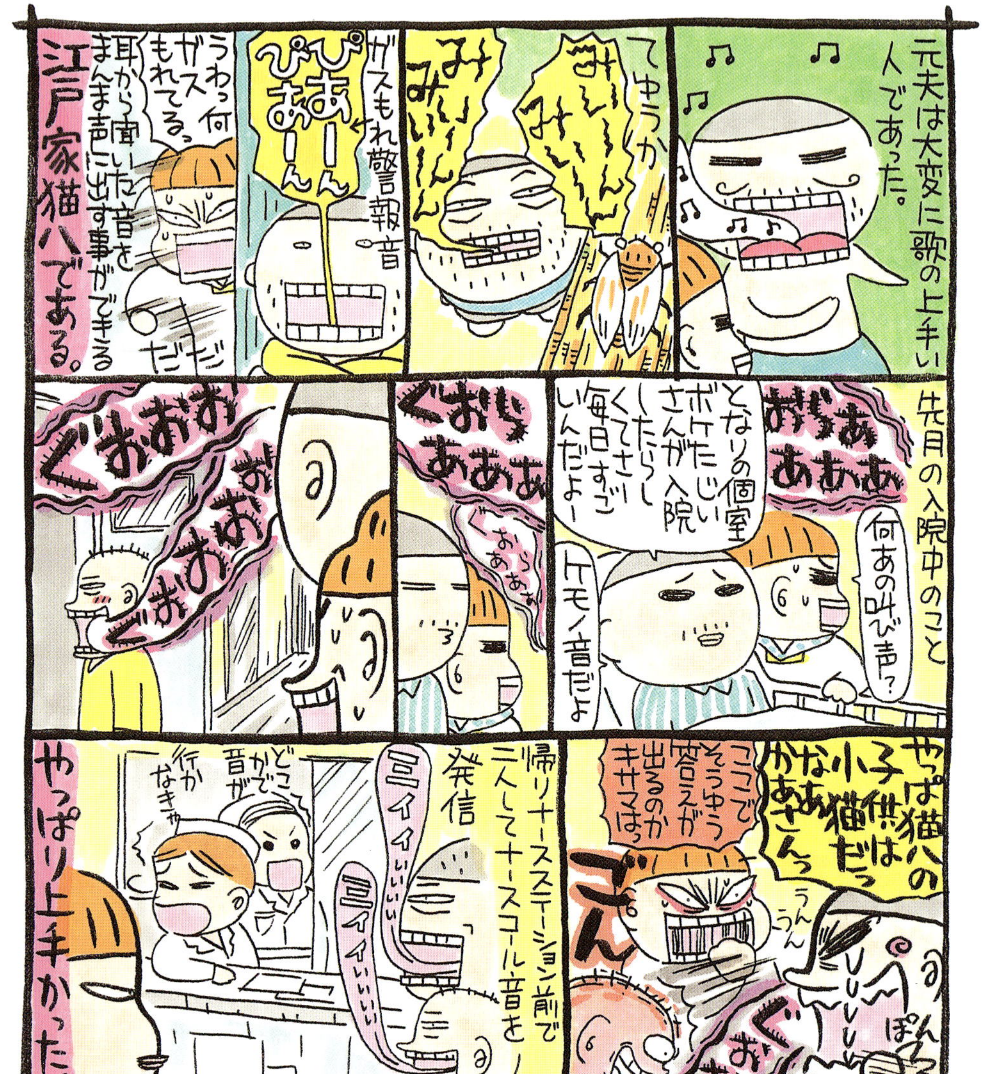

元夫は大変に歌の上手い人であった。
てゆうか
みーんみーん
みーんみーん
ガスもれ警報音
ぴぉーーん
ぴぉーーん
うわっ何 ガスもれてるっ
耳から聞いた音をまんま声に出す事ができる
江戸家猫八である。
先月の入院中のこと
おらあああああ
何あの叫び声？
となりの個室ボケたじいさんが入院したらしくてさ 毎日すごいんだよー
ケモノ音だよ
ぐおらあああ
ぐおらあああ
ぐおおお
ぐおおおお
ぐおおお
やっぱ猫八の子供は小猫だっなぁかあさんっ
ここでそうゆう答えが出るのかキサマはっ
ごん
うんうん
ぽんぽろ
ぐおお
帰りナースステーション前で二人してナースコール音を発信
ミィイいいい
ミィイいいい
どこかで音が
行かなきゃ
やっぱり上手かった。

ばっしん

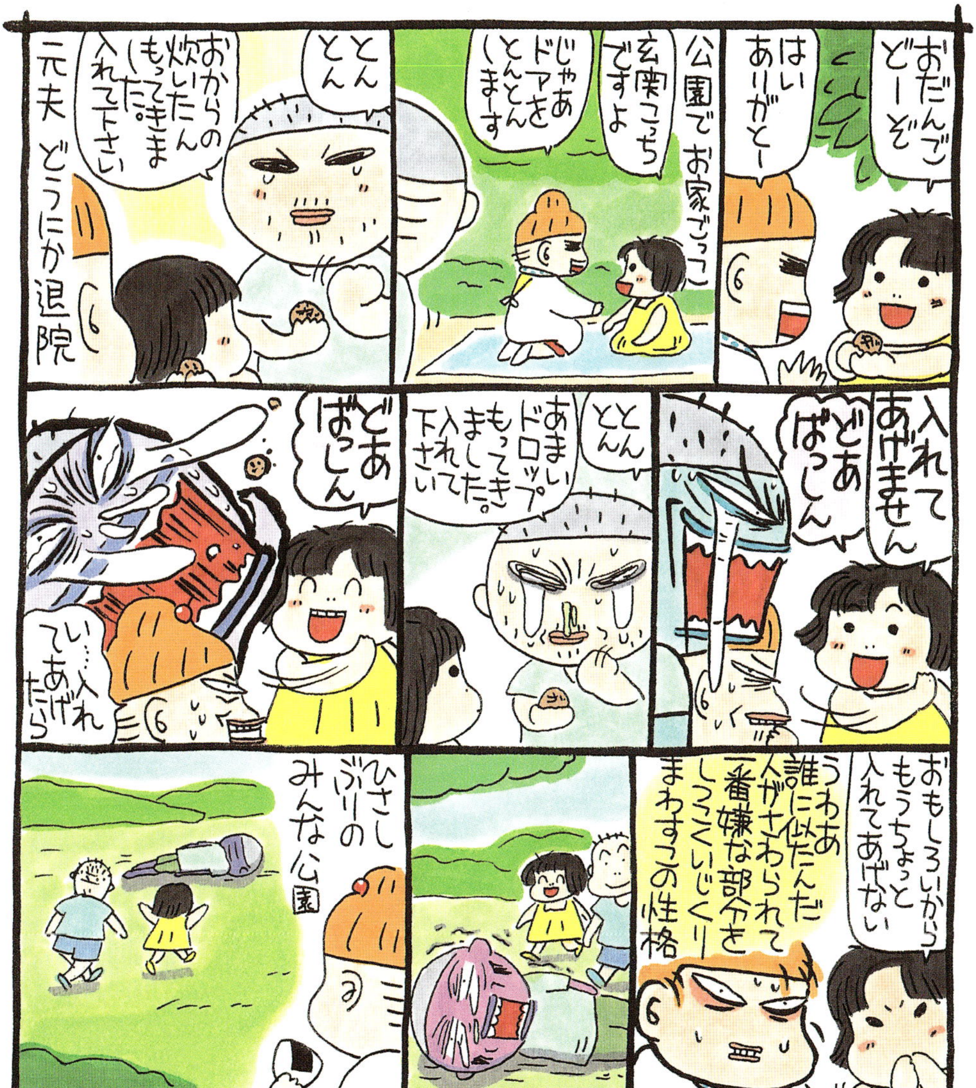
おだんごどーぞ
はいありがとー
公園でお家ごっこ
玄関こっちですよ
じゃあドアをとんとんしまーす
とんとん
おからの炊いたんもってきました。入れて下さい
元夫 どうにか退院
入れてあげません
どあばっしん
とんとん
あまいドロップもってきました。入れて下さい
どあばっしん
い…入れてあげたら
おもしろいからもうちょっと入れてあげない
うわあ 誰に似たんだ 人がさわられて一番嫌な部分をしつこくいじくりまわすこの性格
ひさしぶりのみんな公園

宇宙のほうかい

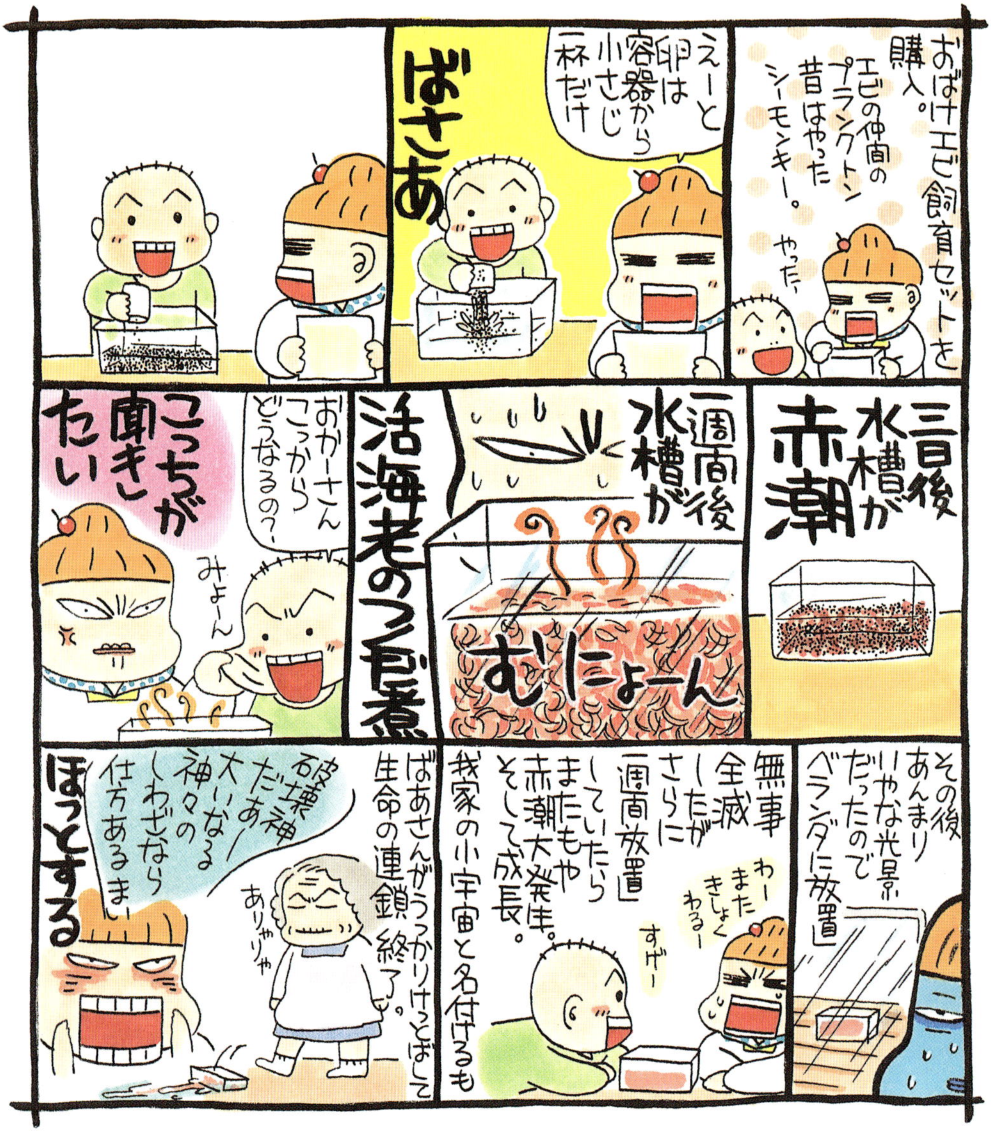

おばけエビ飼育セットを購入。
エビの仲間のプランクトン 昔はやったシーモンキー。
やった
えーと 卵は容器から小さじ一杯だけ
ばさあ
三日後 水槽が赤潮
一週間後 水槽が
むにょーん
活海老のつくだ煮
おかーさん こっからどうなるの?
みょーん
こっちが聞きたい
その後あんまりいやな光景だったのでベランダに放置
無事全滅したがさらに一週間放置していたらまたもや赤潮大発生。そして成長。
わーまたきしょくわるー
すげー
我家の小宇宙と名付けるも
ばあさんがうっかりけっとばして生命の連鎖終了。
ありゃりゃ
破壊神だあ! 大いなる神々のしわざなら仕方あるまい
ほっとする

ひと工夫

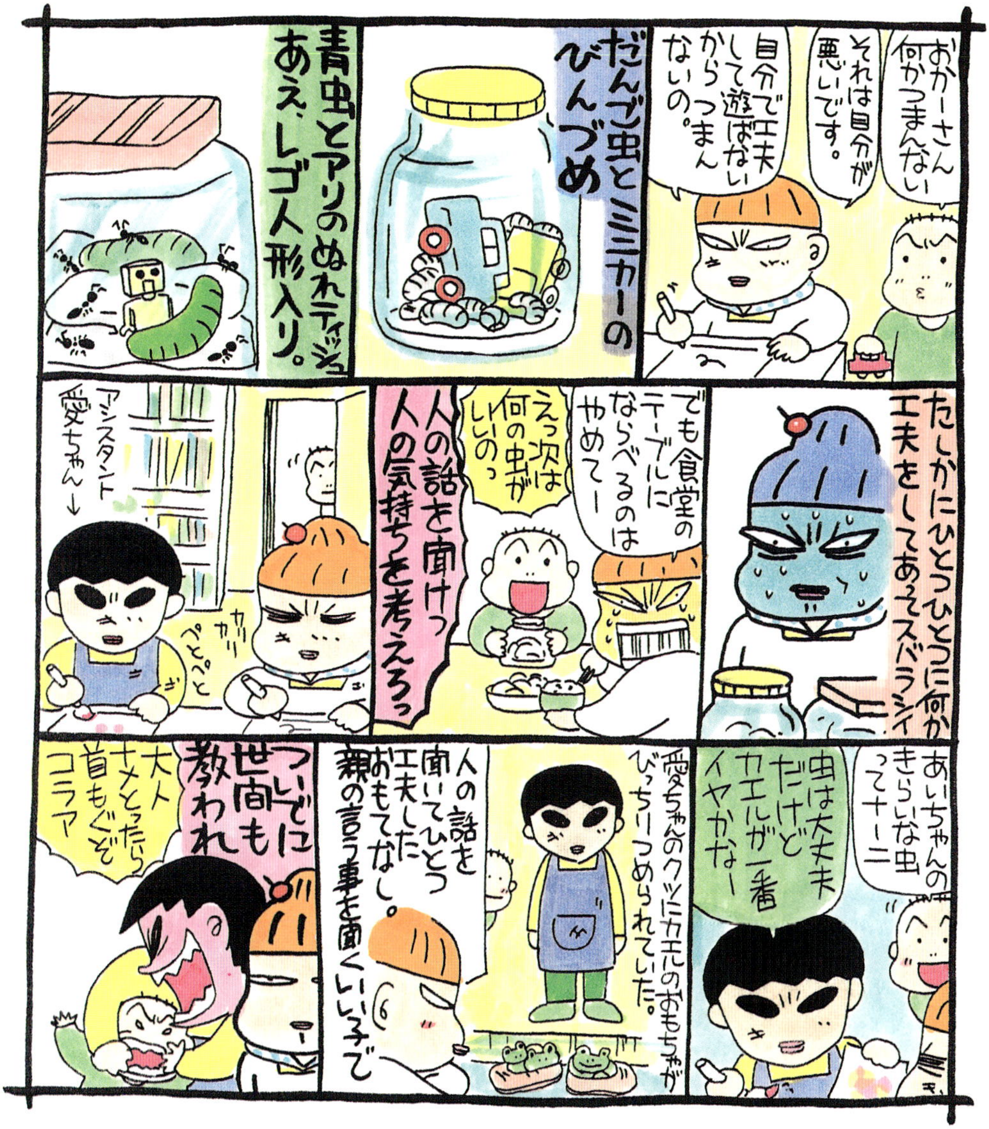
おかーさん何かつまんない
それは自分が悪いです。
自分で工夫して遊ばないからつまんないの。
だんご虫とミニカーのびんづめ
青虫とアリのぬれティッシュあえ、レゴ人形入り。
たしかにひとつひとつに何か工夫をしてあってスバラシイ
でも食堂のテーブルにならべるのはやめてー
えっ次は何の虫がいいの？
人の話を聞けっ人の気持ちを考えろっ
アシスタント愛ちゃん↓
カリカリ
ぺとぺと
あいちゃんのきらいな虫ってナーニ
虫は大丈夫だけどカエルが一番イヤかなー
愛ちゃんのクツにカエルのおもちゃがびっちりつめられていた。
人の話を聞いてひとつ工夫したおもてなし。
親の言う事を聞くいい子で
ついでに世間も教われ
大人ナメとったら首もぐぞコラァ

汗だらけの息子を
だきしめたら
子供のころ
田んぼでつかんだ
どじょうみたく
どりゅんってすべった。
気色わるくて
手ばなした。

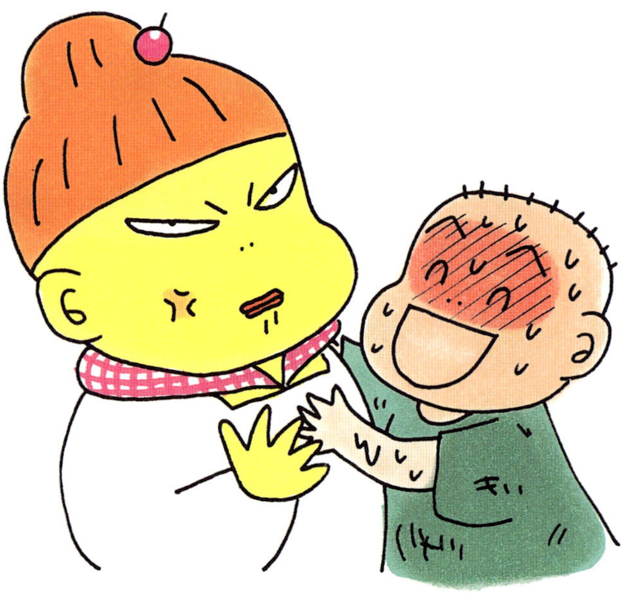

はりきってぽん

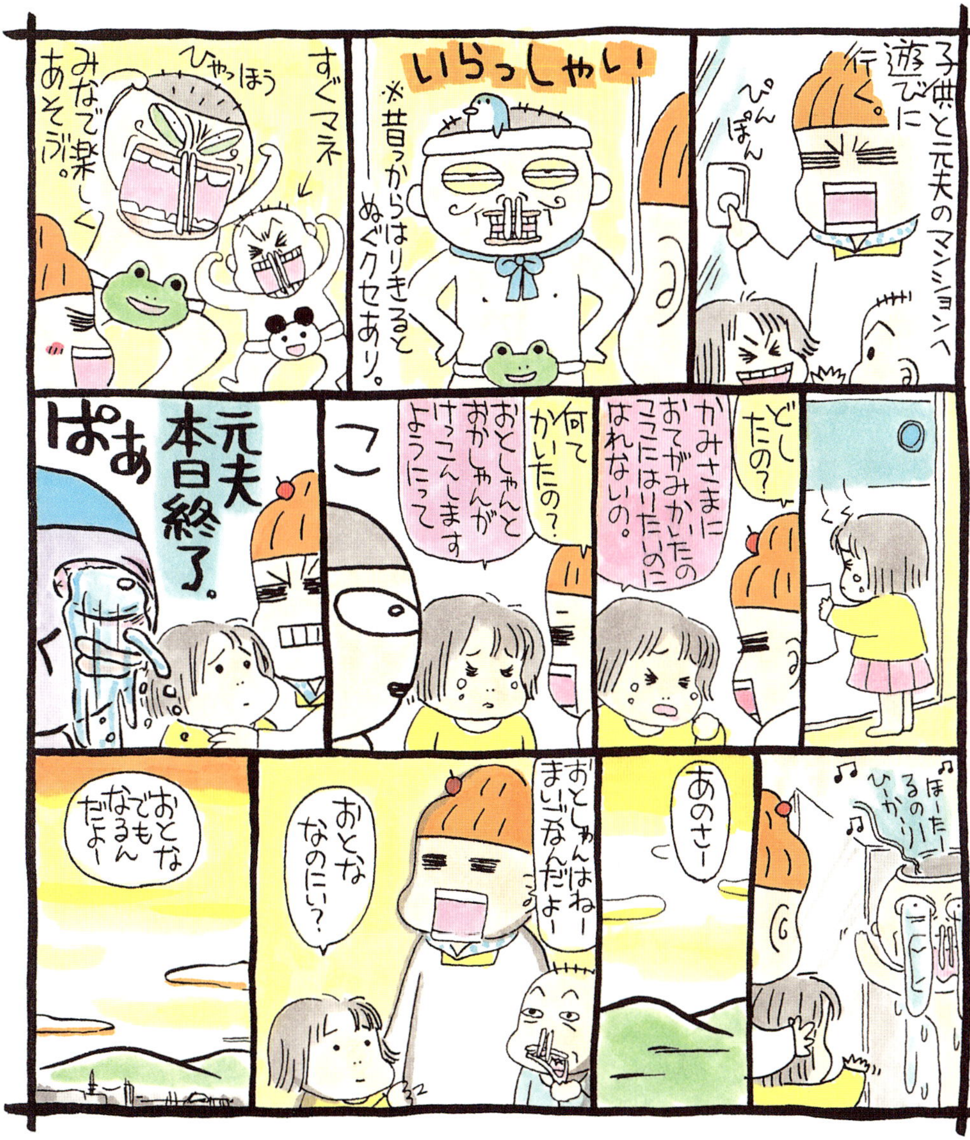
子供と元夫のマンションへ遊びに行く。
ぴんぽん
いらっしゃい
※昔っからはりきるとぬぐクセあり。
すぐマネ
ひゃっほう
みなで楽しくあそぶ。
どしたの？
かみさまにおてがみかいたのココにはりたいのにはれないの。
何てかいたの？
おとしゃんとおかしゃんがけっこんしますようにって
こ
元夫本日終了。
ぱぁ
ほーたーるのひーかー
あのさー
おとしゃんはねーまいごなんだよー
おとななのにぃ？
おとなでもなるんだよー

お前がわるい

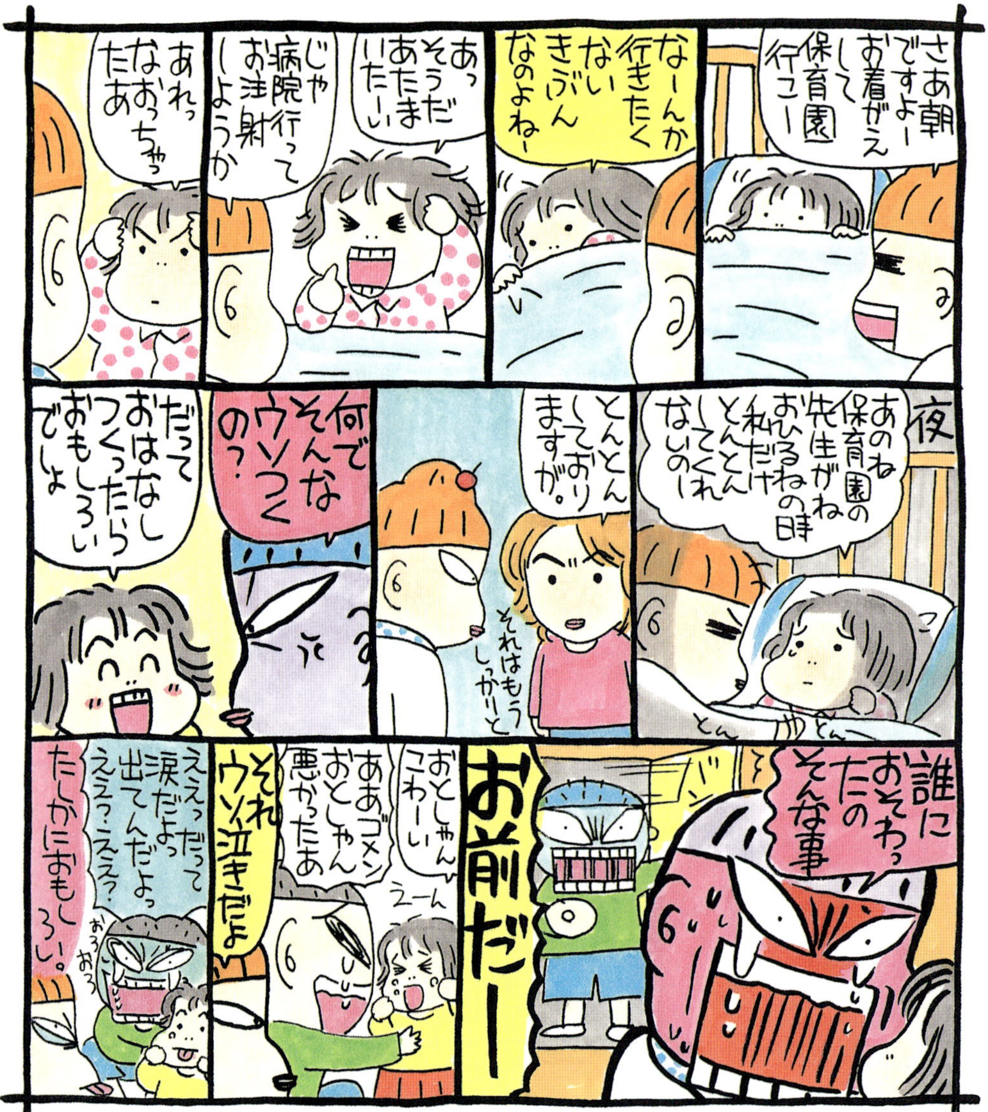
さあ朝ですよー お着がえして 保育園行こー
なーんか行きたくないきぶんなのよねー
あっそうだ あたまいたーい
じゃ病院行ってお注射しようか
あれっなおっちゃったあ
夜
あのね 保育園の先生がね おひるねの時 私だけとんとんしてくれないの!
とんとんしておりますが。
それはもうしっかりと
何でそんなウソつくの?
だっておはなしつくったらおもしろいでしょ
誰におそわったのそんな事
バン
お前だー
おとしゃんこわーい
あぁゴメンおとしゃん悪かったあ
えーん
それウソ泣きだよ
えぇっだって涙だよっ出てんだよっ えぇっ? えぇっ?
おろおろ
たしかにおもしろい。

恥じらい

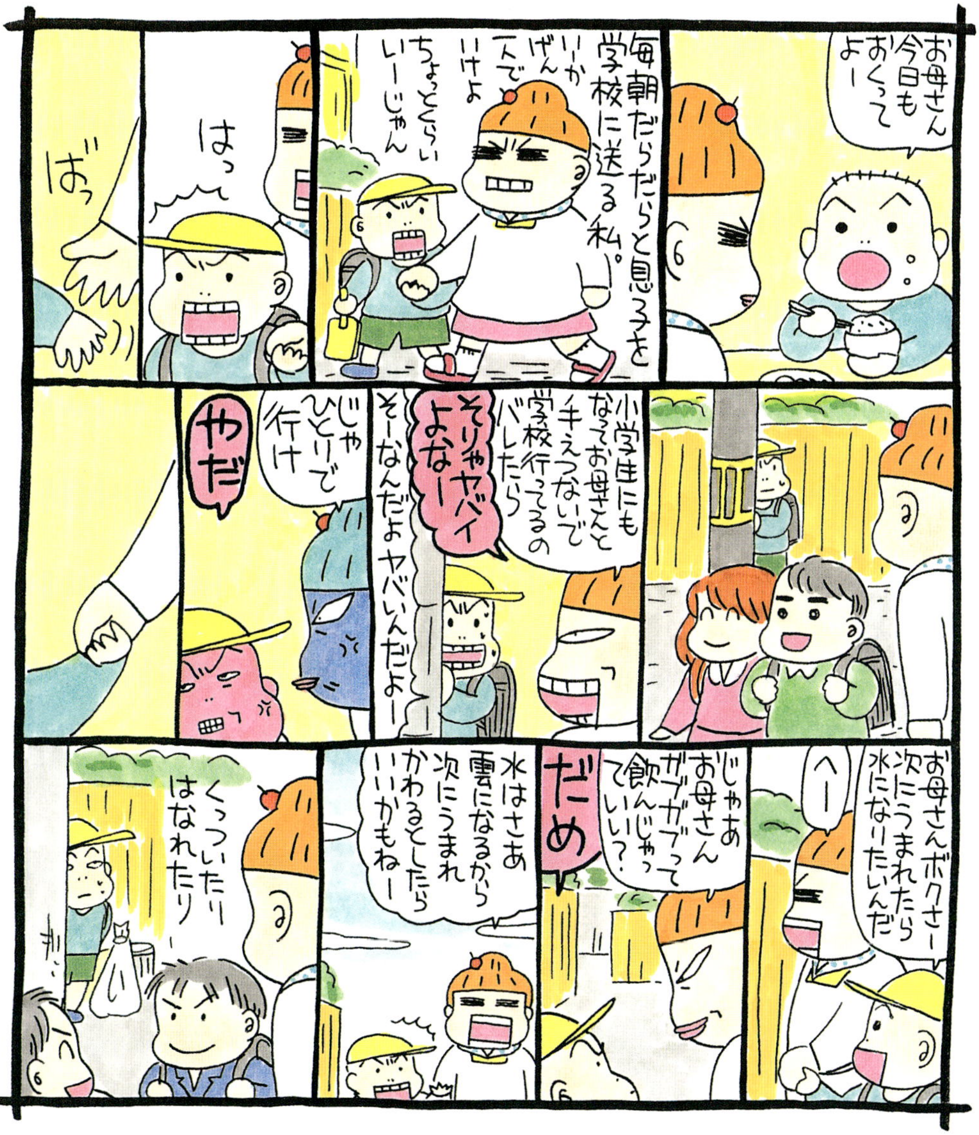

お母さん今日もおくってよー
毎朝だらだらと息子を学校に送る私。
いいかげん一人でいけよ
ちょっとくらいいーじゃん
はっ
ばっ
小学生にもなってお母さんと手えつないで学校行ってるのバレたら
そりゃヤバイよなー
そーなんだよヤバいんだよー
じゃひとりで行け
やだ
お母さんボクさー次にうまれたら水になりたいんだ
へー
じゃあお母さんガブガブって飲んじゃっていい?
だめ
水はさあ雲になるから次にうまれかわるとしたらいいかもねー
くっついたりはなれたり

傘をさせ

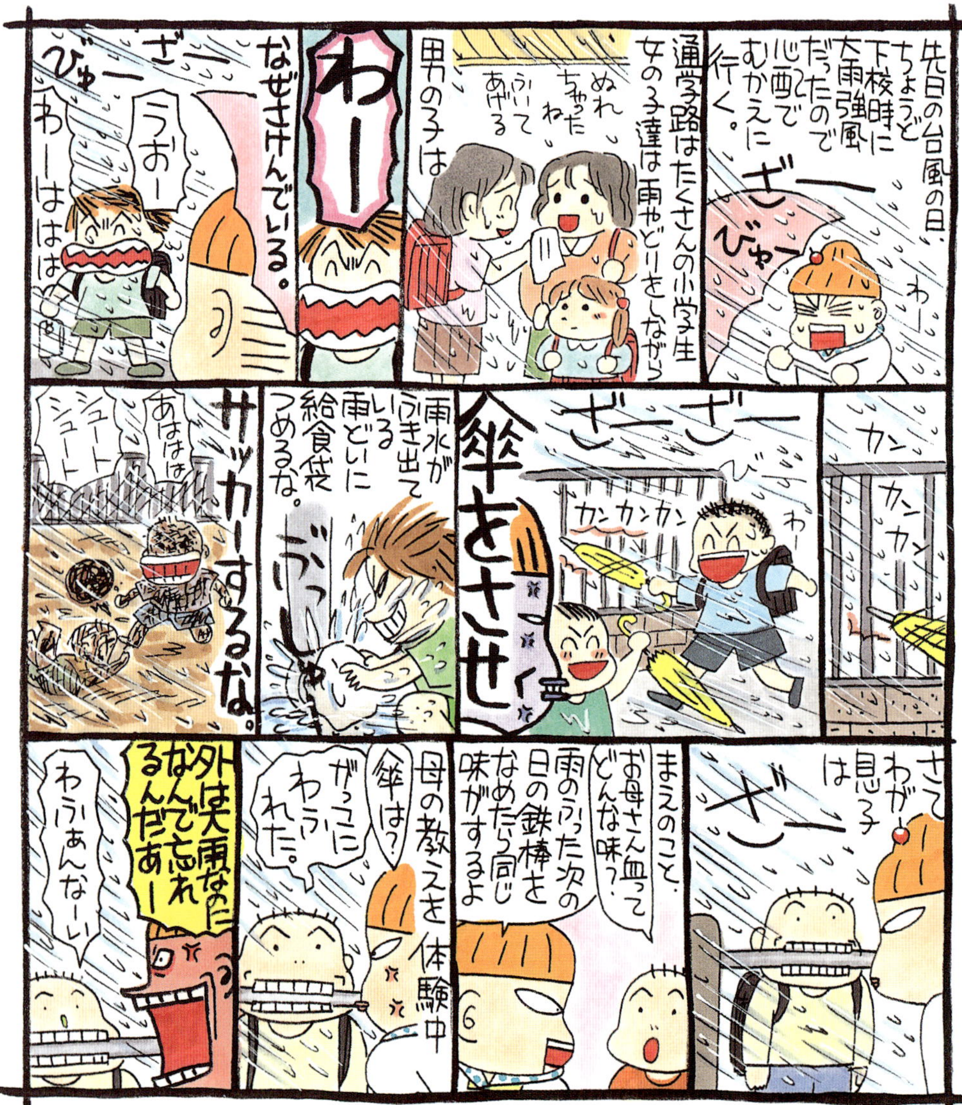

先日の台風の日、ちょうど下校時に大雨強風だったので心配でむかえに行く。
ざー
びゅ〜
わー
通学路はたくさんの小学生女の子達は雨やどりをしながら
ぬれちゃったね
ふいてあげる
男の子は
わーー
なぜかさけんでいる。
ざーー
びゅーー
うおー
わーははは
カン
カンカン
カンカン
ざーざー
カンカンカンカン
わー
傘をさせ
雨水がふき出ている雨どいに給食袋つめるな。
ぶっしゃー
サッカーするな。
あははは
シュートシュート
さてわが息子は
ザー
まえのこと、お母さん血ってどんな味?って
雨のふった次の日の鉄棒をなめたら同じ味がするよ
母の教えを体験中
傘は?
ガッコにわすれた。
外は大雨なのになんで忘れるんだあー
わかんなーい

水中

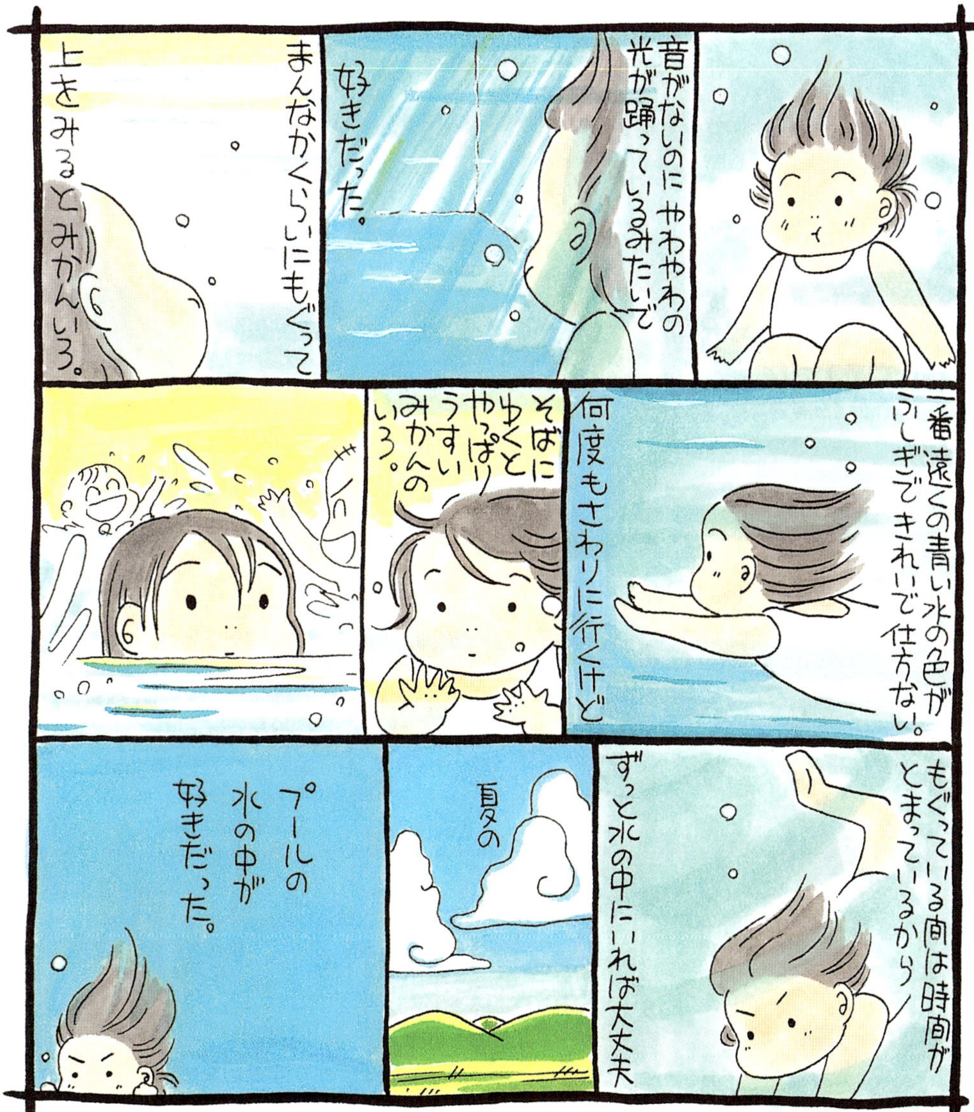
音がないのに やわやわの
光が踊っているみたいで
好きだった。
まんなかくらいにもぐって
上をみるとみかんいろ。
一番遠くの青い水の色が
ふしぎできれいで仕方ない。
何度もさわりに行くけど
そばにゆくとやっぱりうすいみかんのいろ。
もぐっている間は時間がとまっているから
ずっと水の中にいれば大丈夫
夏の
プールの水の中が好きだった。

娘のあだ名はうにゅちゃん。
怒って仕事場に
とじこもってたら
「おかあしゃんの
だいすきな
うにゅちゃんが
きたよー。
ドアのとこに
いるよー
わらってー。」
と泣かれた。
ますます上手くなっている。
フツーに泣いてほしい。

チョップ

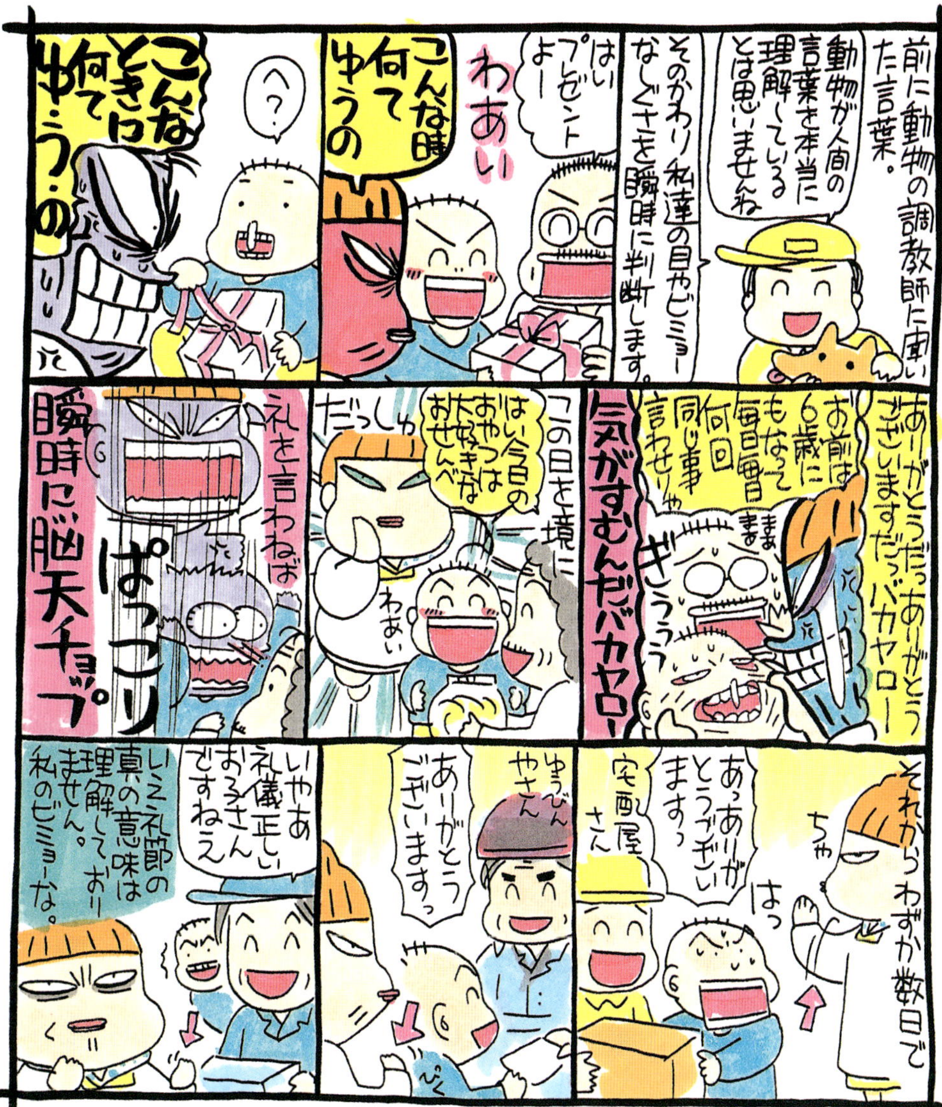

前に動物の調教師に聞いた言葉。
動物が人間の言葉を本当に理解しているとは思いませんね
そのかわり私達の目やビミョーなしぐさを瞬時に判断します。
はいプレゼントよー
わあい
こんな時何てゆうの
こんなとき何てゆ・う・の
へ？
ありがとうだっあーりがとうございますだっバカヤロー
お前は6歳にもなって毎日毎日何回同じ事言わせりゃ
まま
ぎうう
気がすむんだバカヤロー！
この日を境に
はい今日のおやつは大好きなおせんべ
だっしゅ
わあい
礼を言わねば
ぱっこり
瞬時に脳天チョップ
それからわずか数日で
ちゅ
はっ
あっありがとうございますっ
宅配屋さん
ゆうびんやさん
ありがとうございますっ
ぴく
いやあ礼儀正しいおこさんですねえ
いえ礼節の真の意味は理解しておりません。私のビミョーな。

時の経過

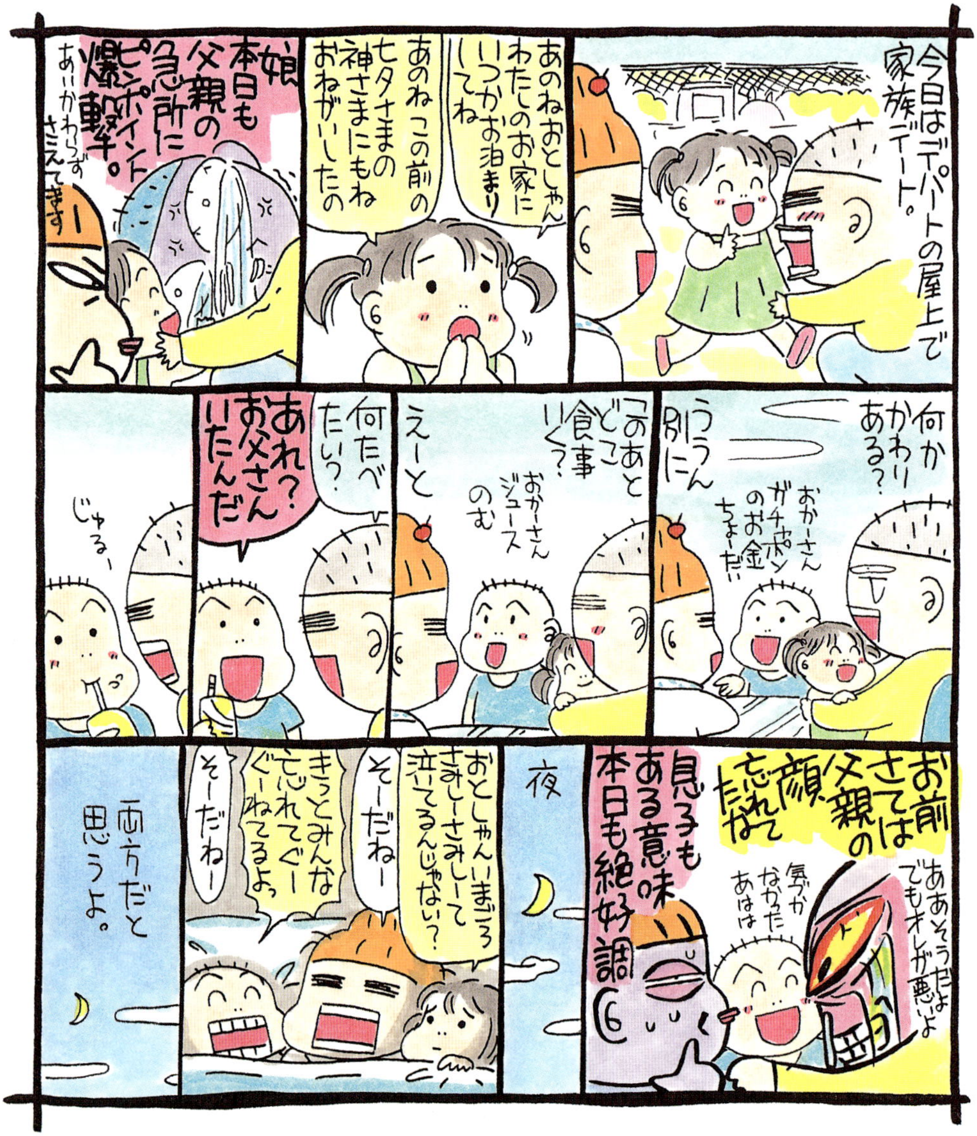

今日はデパートの屋上で家族デート。
あのねおとしゃん わたしのお家にいつかお泊まりしてね
あのねこの前の七夕さまの神さまにもねおねがいしたの
娘 本日も父親の急所にピンポイント爆撃。
あいかわらずささえてます
何かかわりある？
ううん別に
おかーさんガチャポンのお金ちょーだい
このあとどこ食事いく？
えーと
おかーさんジュースのむ
何たべたいっ？
あれ？お父さんいたんだ
じゅる、
お前さては父親の顔忘れてたな
ああそうだよでもオレが悪いよ
気づかなかったあはは
息子もある意味本日も絶好調
夜
おとしゃんいまごろさみしーさみしーって泣いてるんじゃない？
そーだねー
きっとみんな忘れてぐーぐーねてるよっ
そーだねー
両方だと思うよ。

ほめどころ

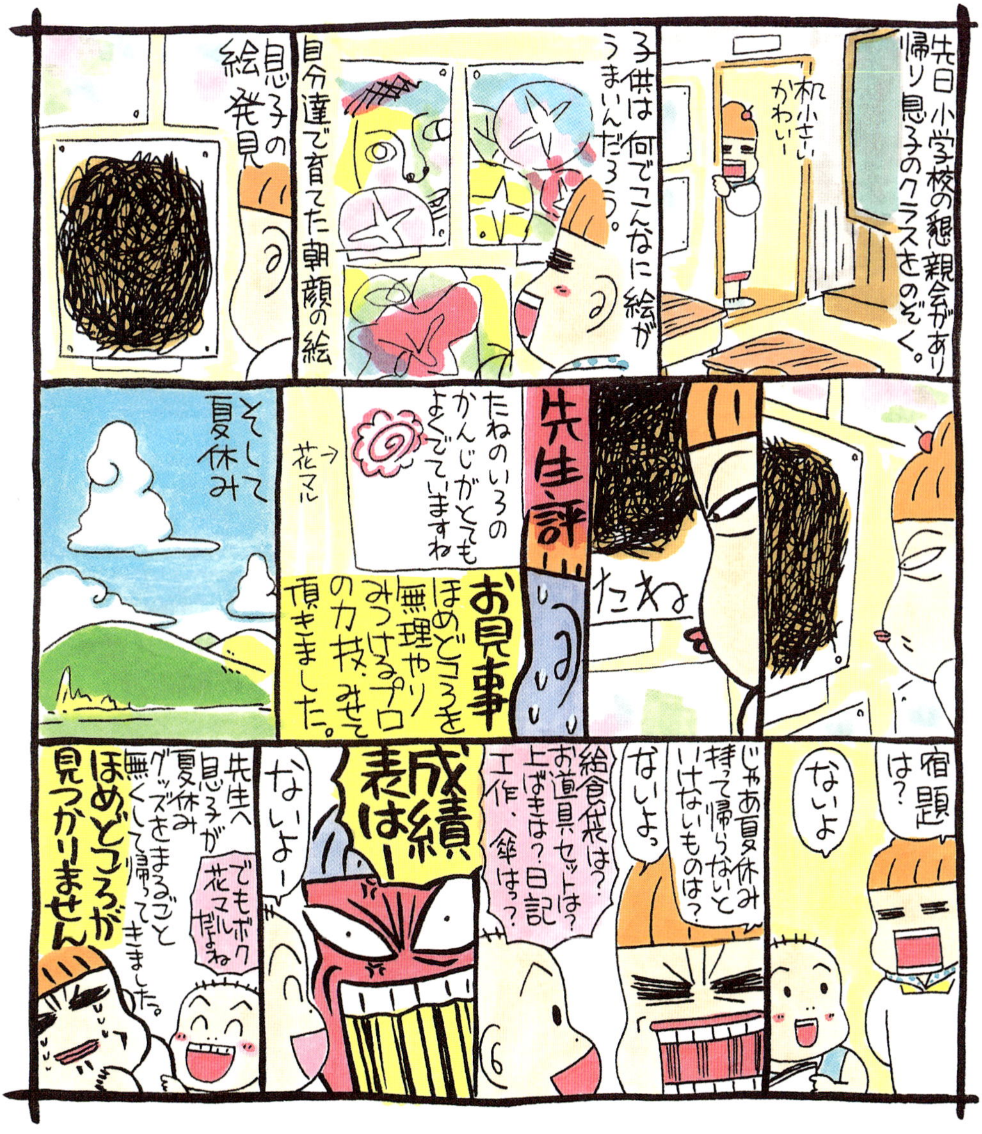

先日小学校の懇親会があり帰り息子のクラスをのぞく。
机小さいかわいー
子供は何でこんなに絵がうまいんだろう。
自分達で育てた朝顔の絵
息子の絵発見
たね
先生評
花マル→
たねのいろのかんじがとてもよくでていますね
お見事
ほめどころを無理やりみつけるプロの力技みせて頂きました。
そして夏休み
宿題は？
ないよ
じゃあ夏休み持って帰らないといけないものは？
給食袋は？お道具セットは？上ばきは？日記工作、傘はっ？
ないよ。
成績表は！
ないよー
先生へ息子が夏休みグッズをまるごと無くして帰ってきました。
でもボク花マルだよね
ほめどころが見つかりません

作 戦

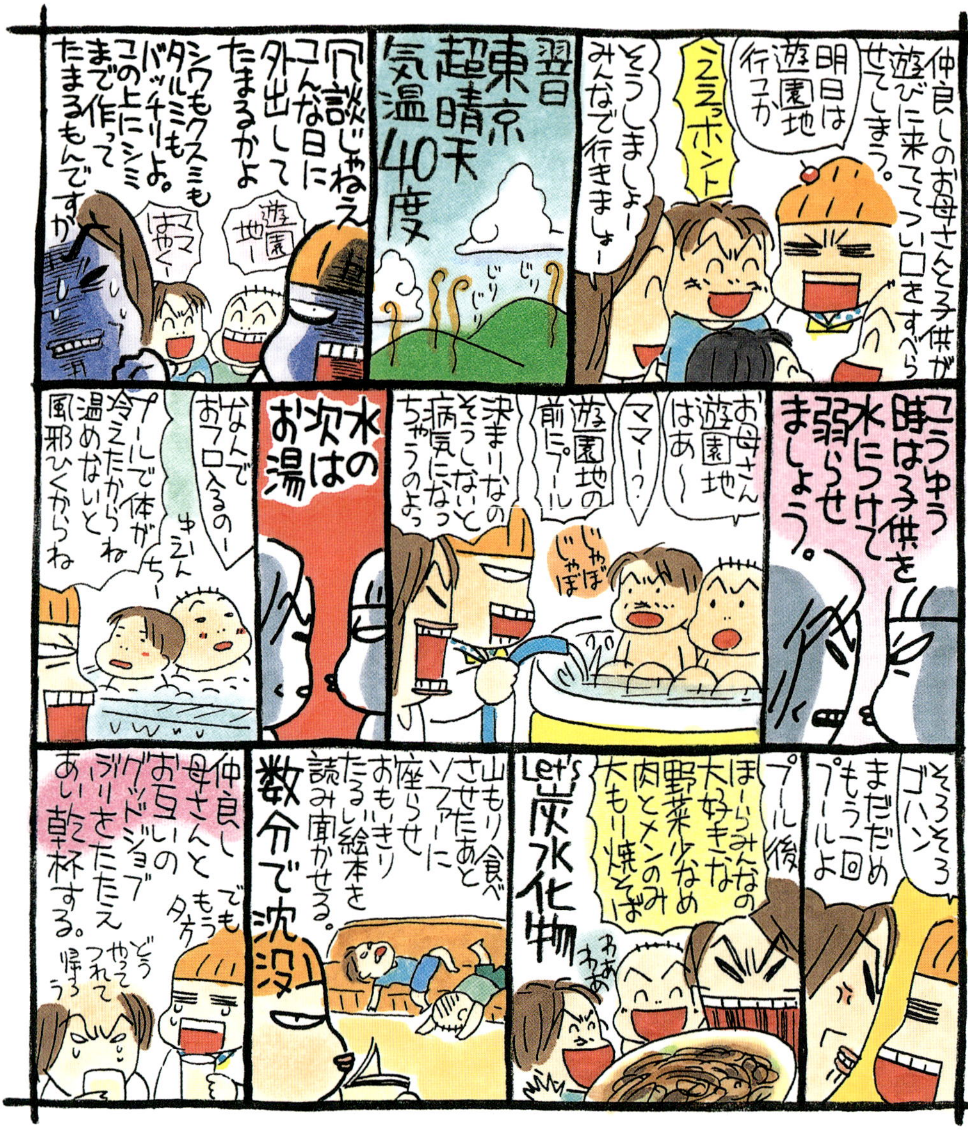

仲良しのお母さんと子供が遊びに来ててつい口きすべらせてしまう。
明日は遊園地行こっか
ミラッホント
そうしましょーみんなで行きましょー
翌日東京超晴天気温40度
じりじりじり
冗談じゃねえこんな日に外出してたまるかよ
遊園地ー
ママはやくー
シワもクスミもタルミもバッチリよ。この上にシミまで作ってたまるもんですか
こうゆう時は子供を水にうけて弱らせましょう。
お母さん遊園地はあ～
ママーっ？
遊園地の前にプール
決まりなのそうしないと病気になっちゃうのよっ
じゃぼじゃぼ
水の次はお湯
なんでおフロ入るのー
ゆーえんちー
プールで体が冷えたからね温めないと風邪ひくからね
そろそろゴハン
まだだめもう一回プールよ
プール後
ほーらみんなの大好きな野菜少なめ肉とメンのみ大もり焼そば
Let's炭水化物
わあわあ
山もり食べさせたあとソファーに座らせおもいきりたるい絵本を読み聞かせる。
数分で沈没
仲良し母さんとお互いのグッドジョブぶりをたたえあい乾杯する。
でももう夕方
どうやってつれて帰ろう

しりとり

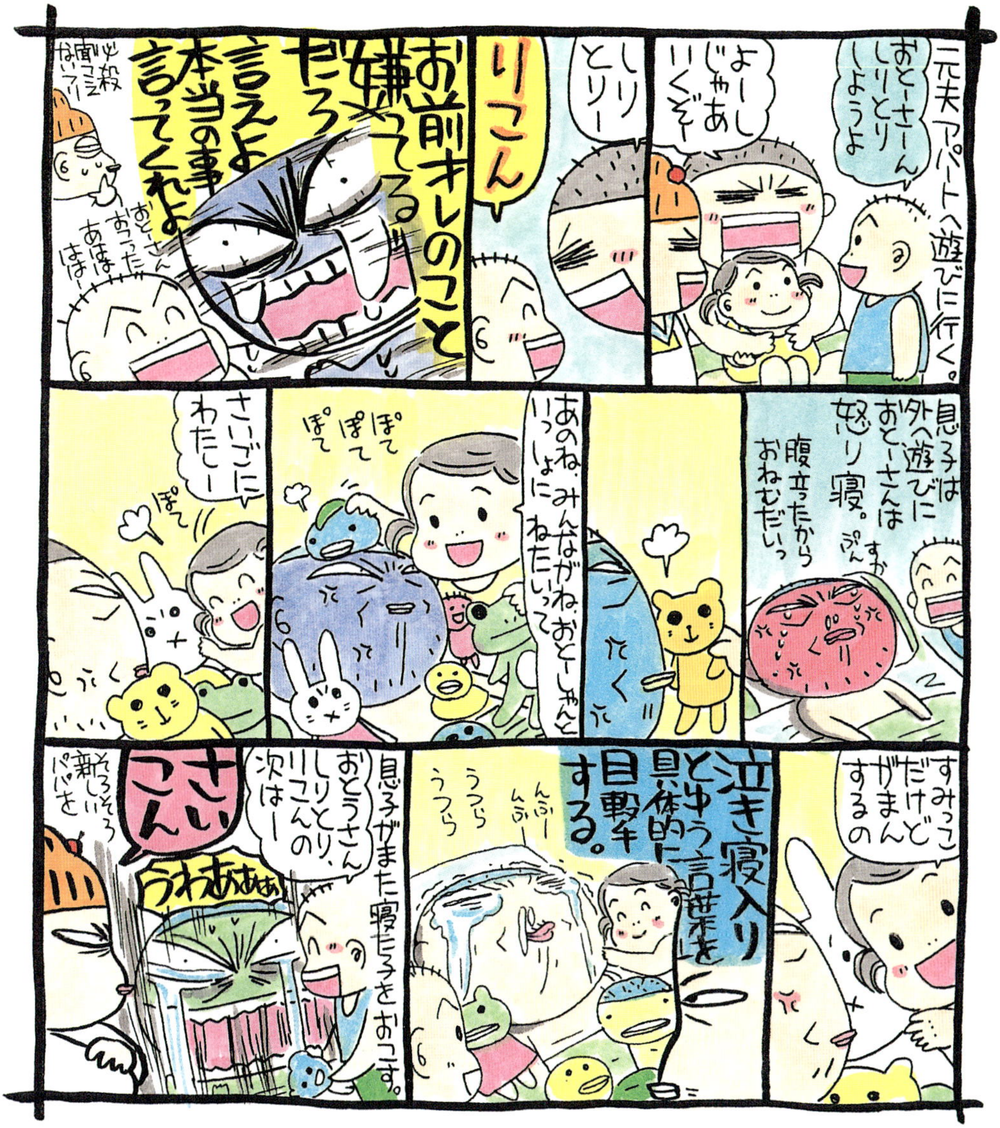

元夫アパートへ遊びに行く。
おとーさーん しりとりしようよ
よーし じゃあ りくぞー
しりー とりー
りこん
お前オレのこと嫌ってるだろ
言えよ 本当の事言ってくれよ
必殺 南こうせつ ないフリー
おとーさん おこった あはは はは
息子は外へ遊びに おとーさんは怒り寝。
腹立ったから おねむだいっ
ぷん すか
たく たく
あのね、みんながね、おとーしゃんと いっしょに ねたいって
ぽて ぽて ぽて
さいごに わたしー
ぽて
ぷく
すみっこだけど がまんするの
泣き寝入りとゆう言葉を具体的に目撃する。
んぷー んぷー
うつら うつら
息子がまた寝た子をおこす。
おとうさん しりとり、りこんの 次はー
さいこん
うわあああぁ
そろそろ新しいパパを

セミの音

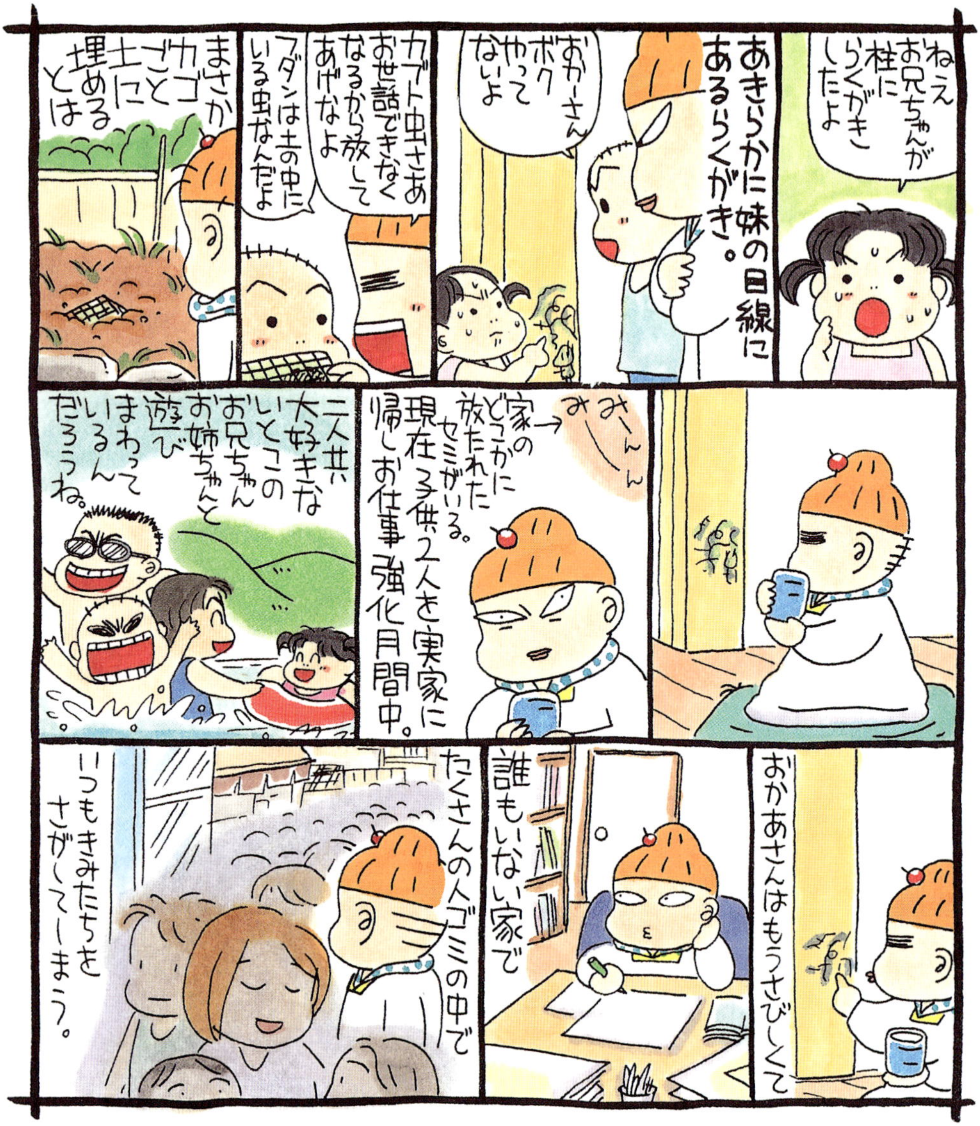

ねえ お兄ちゃんが 柱に らくがき したよ
あきらかに妹の目線にあるらくがき。
おかーさん ボク やって ないよ
カブト虫さあ お世話できなく なるから放して あげなよ
フダンは土の中に いる虫なんだよ
まさか カゴごと 土に 埋める とは
家の どこかに 放たれた セミがいる。
みーんん みー
現在子供2人を実家に帰しお仕事強化月間中。
二人共大好きな いとこの お兄ちゃん お姉ちゃんと 遊び まわって いるんだろうね。
おかあさんはもうさびしくて
誰もいない家で
たくさんの人ゴミの中で
いつもきみたちを さがしてしまう。

ウソつき母さん

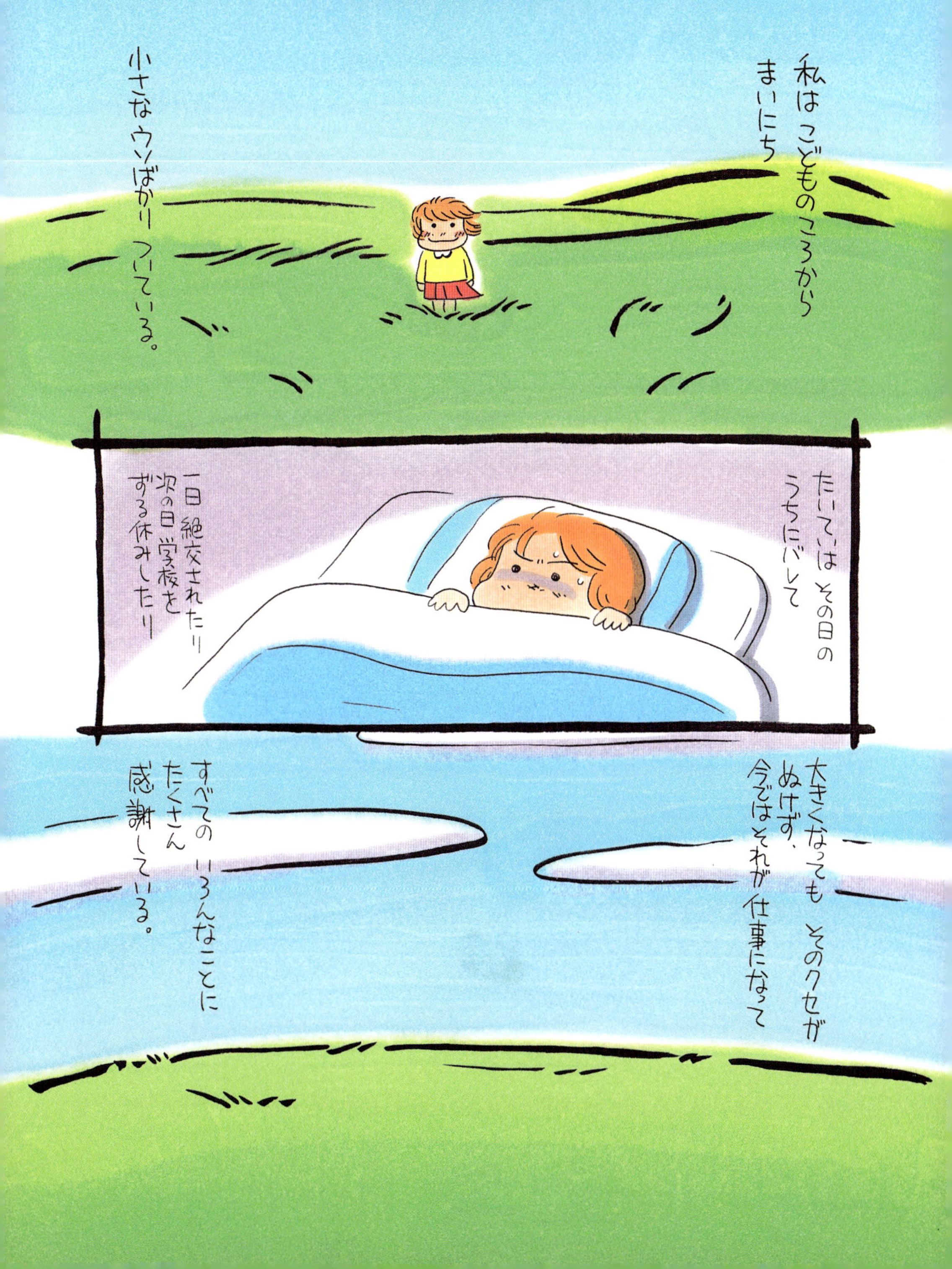
私はこどものころから
まいにち
小さなウソばかり ついている。
たいていは その日の
うちにバレて
一日絶交されたり
次の日学校を
ずる休みしたり
大きくなっても そのクセが
ぬけず、
今ではそれが仕事になって
すべての いろんなことに
たくさん
感謝している。

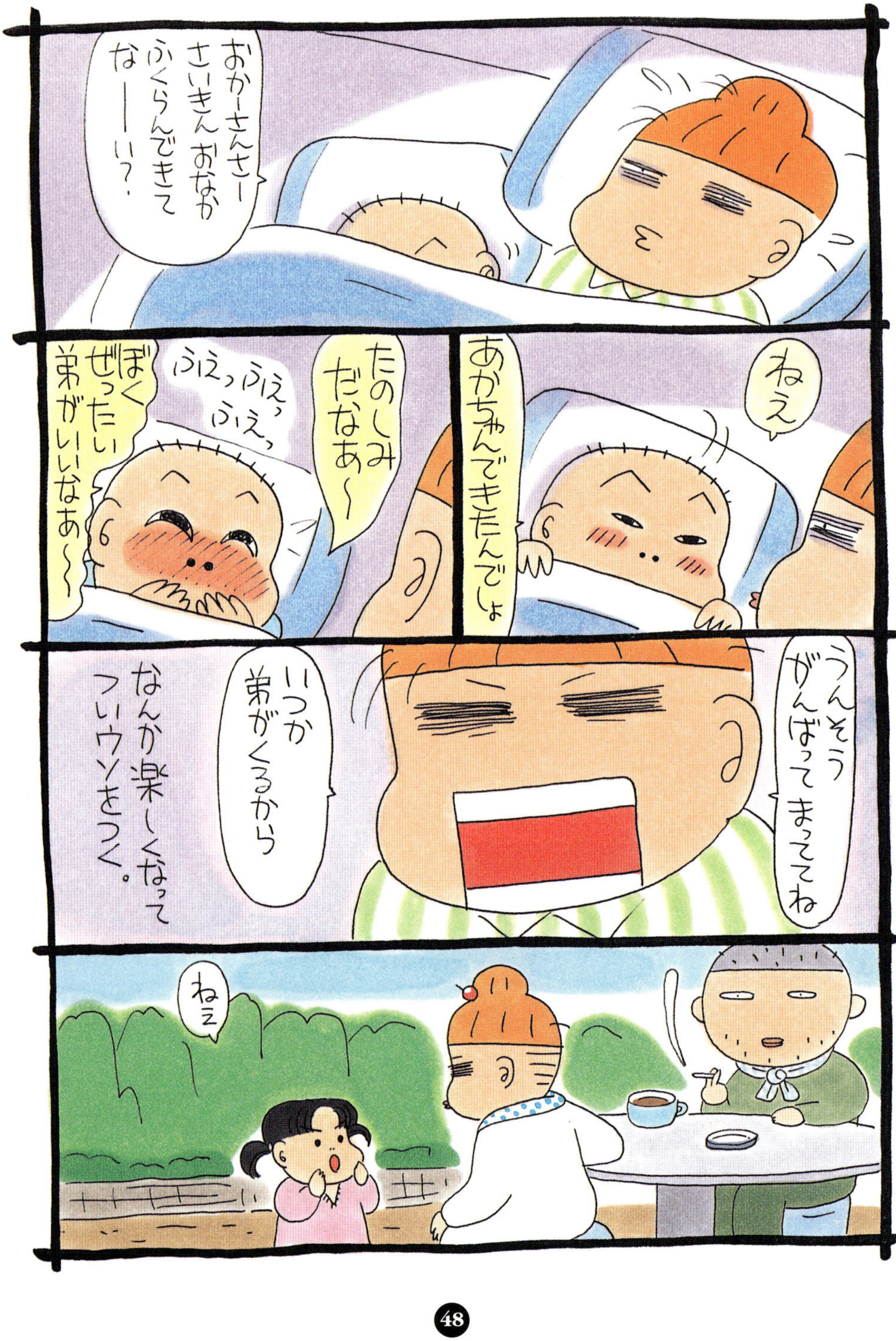
おかーさんさー さいきん おなか ふくらんできて なーーーい?
ねえ
あかちゃんできたんでしょ
たのしみだなあ~
ふえっ ふえっ ふえっ
ぼく ぜったい 弟がいいなあ~
うん そう がんばって まっててね
いつか 弟がくるから
なんか楽しくなって ついウソをつく。
ねえ

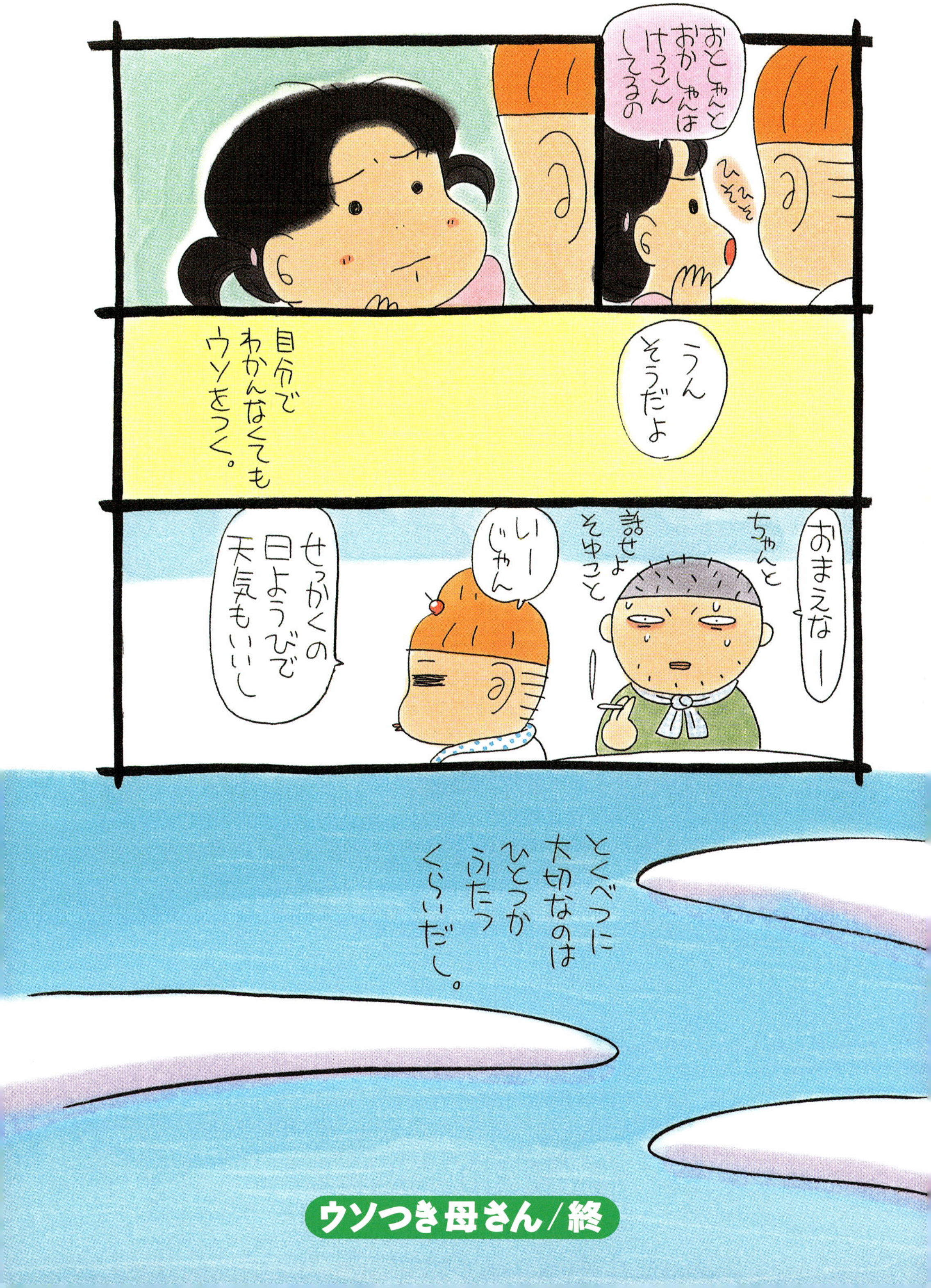
おとしゃんと おかしゃんは けっこん してるの
ひそひそ
うん そうだよ
自分で わかんなくても ウソをつく。
おまえなー
ちゃんと 話せよ そゆこと
いーじゃん
せっかくの 日ようびで 天気もいいし
とくべつに 大切なのは ひとつか ふたつ くらいだし。
ウソつき母さん／終

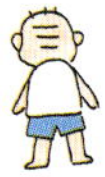

青いところ

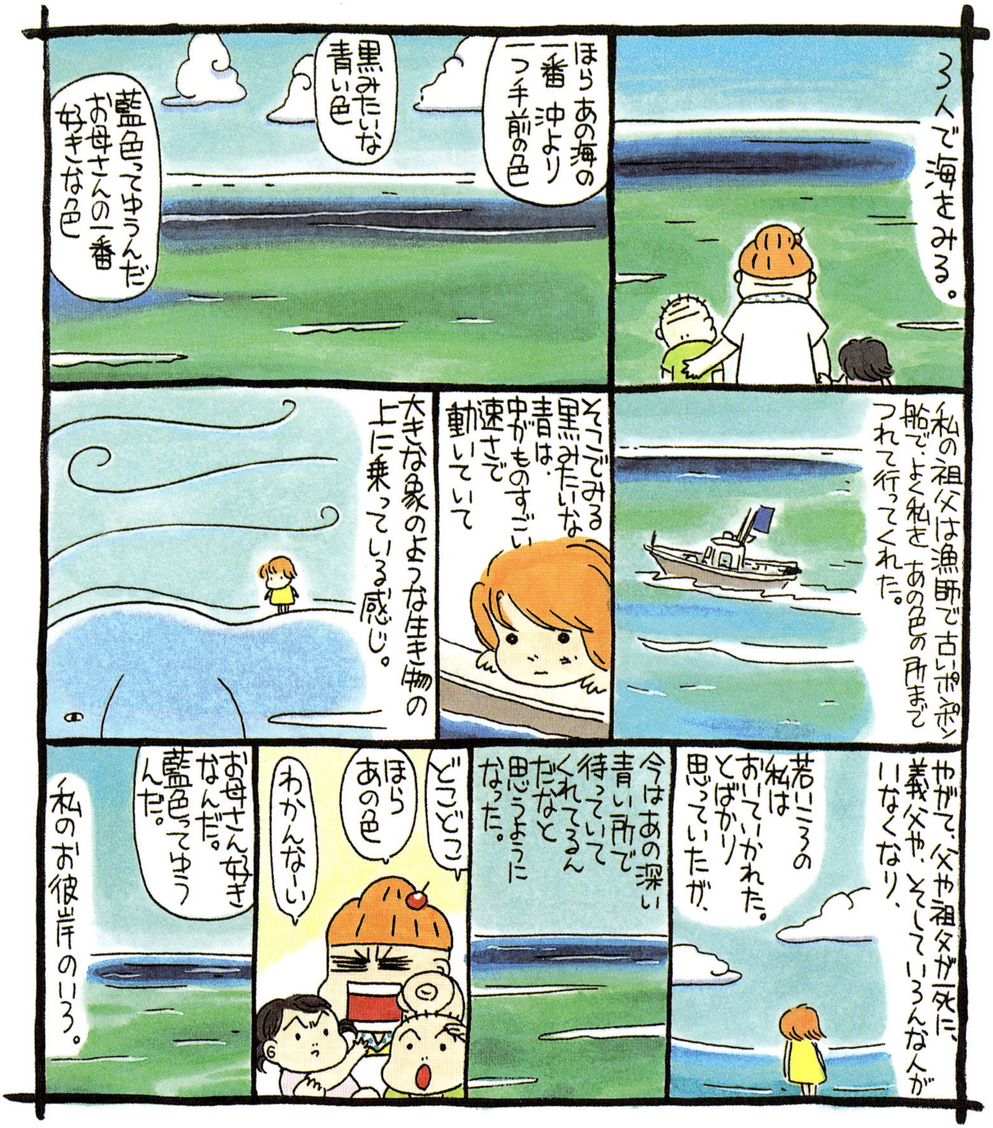
3人で海をみる。
ほらあの海の一番沖より一つ手前の色
黒みたいな青い色
藍色ってゆうんだお母さんの一番好きな色
私の祖父は漁師で古いポンポン船でよく私をあの色の所までつれて行ってくれた。
そこでみる黒みたいな青は、中がものすごい速さで動いていて
大きな象のような生き物の上に乗っている感じ。
やがて、父や祖父が死に、義父や、そしていろんな人がいなくなり、
若いころの私はおいていかれたとばかり思っていたが、
今はあの深い青い所で待っていてくれてるんだなと思うようになった。
どこどこ
ほらあの色
わかんなーい
お母さん好きなんだ。藍色ってゆうんだ。
私のお彼岸のいろ。

まだまだ

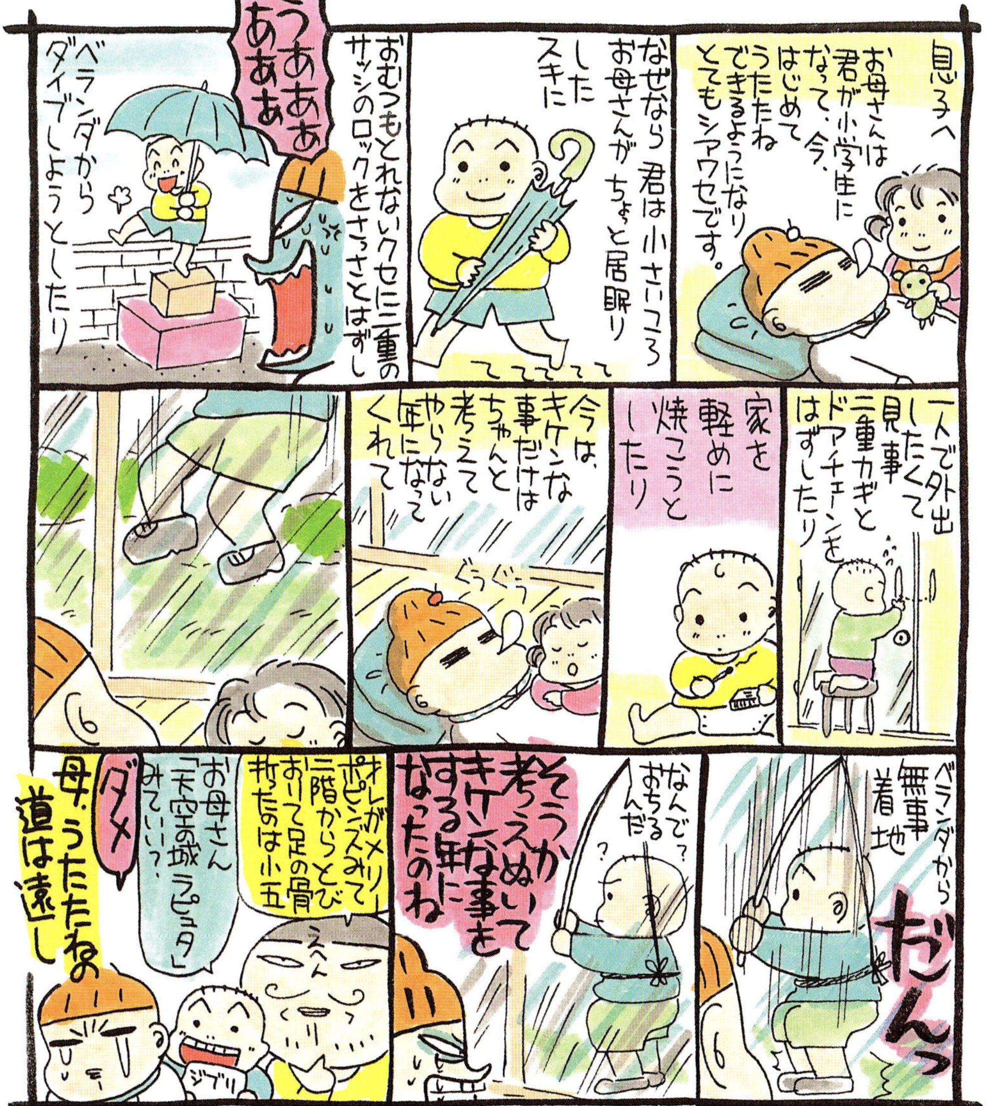

息子へ
お母さんは君が小学生になって、今、はじめてうたたねできるようになりとてもシアワセです。
なぜなら君は小さいころお母さんがちょっと居眠りしたスキに
てててててて
おむつもとれないクセに二重のサッシのロックをさっさとはずし
うあああああ
ベランダからダイブしようとしたり
一人で外出したくて見事二重カギとドアチェーンもはずしたり
家を軽めに焼こうとしたり
今は、キケンな事だけはちゃんと考えてやらない年になってくれて
ぐうぐう
ベランダから無事着地
だんっ
なんで？おちるんだ
？
そうか考えぬいてキケンな事をする年になったのね
オレがメリー・ポピンズみて二階からとびおりて足の骨折ったのは小五
えへん
お母さん「天空の城ラピュタ」みていいっ？
ジブリ
ダメ
母、うたたねの道は遠し

共感

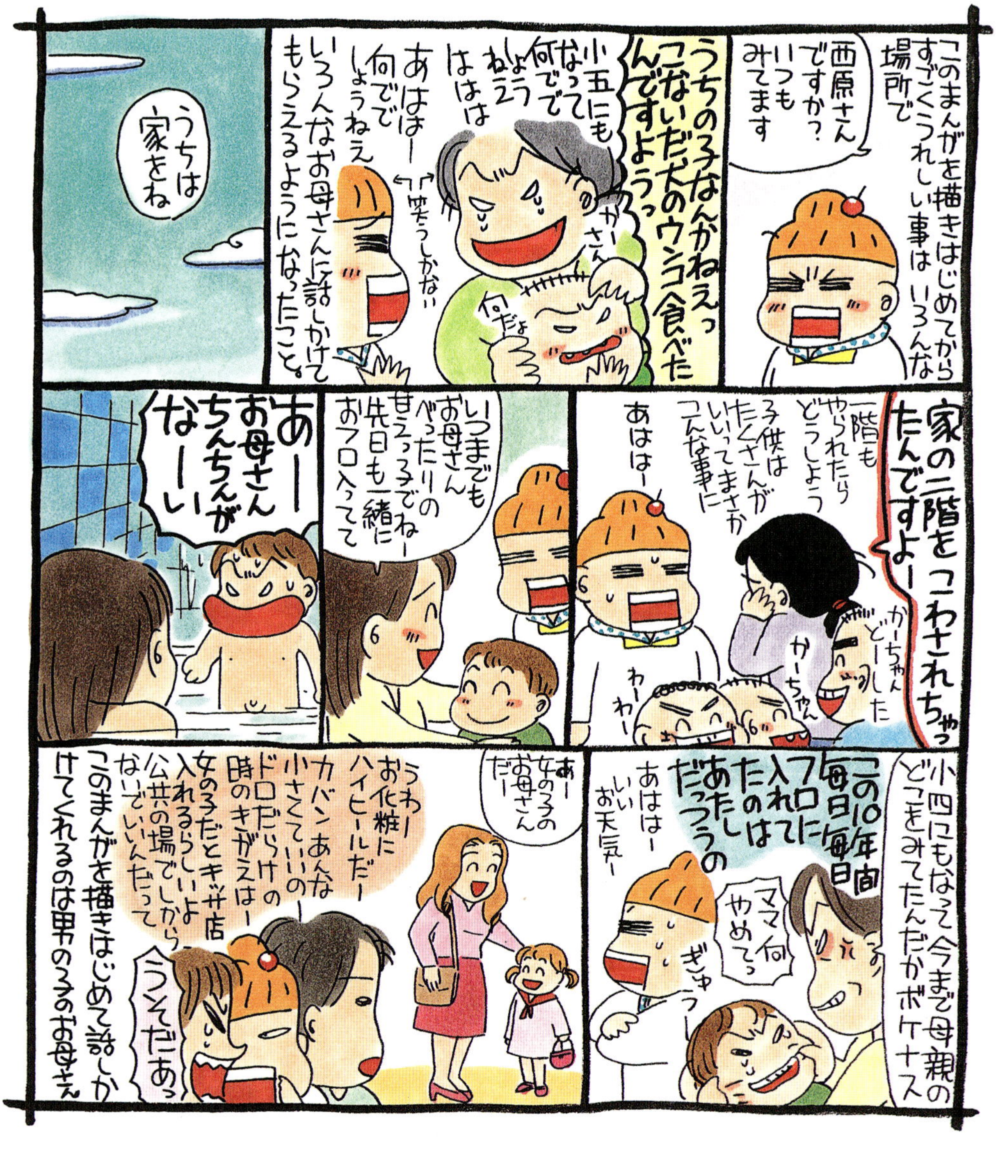
このまんがを描きはじめてからすごくうれしい事はいろんな場所で
西原さんですか？いつもみてます
うちの子なんかねえっこないだ犬のウンコ食べたんですようっ
かーさん
何だよ
小五にもなって何ででしょうねえ？ はははは
あははー何ででしょうねえ
「笑うしかない」
いろんなお母さんに話しかけてもらえるようになったこと。
うちは家をね
家の二階をこわされちゃったんですよー
一階もやられたらどうしよう
子供はたくさんがいいっていいますがこんな事に
あははー
かーちゃんどーした
かーちゃん
わーわー
いつまでもお母さんべったりの甘えっ子でねー先日も一緒におフロ入ってて
あーお母さんちんちんがなーーい
小四にもなって今まで母親のどこをみてたんだかボケナス
この10年間毎日毎日フロに入れてたのはあたしだっつうの
あははー いいお天気ー
ママ何やめてっ
ぎゅう
あー女の子のお母さんだー
うわーお化粧にハイヒールだー
カバンあんな小さくていいのー
ドロだらけの時のきがえはー
女の子だとキッサ店入れるらしいよ
公共の場でしからないでいいんだって
うそだあっ
このまんがを描きはじめて話しかけてくれるのは男の子のお母さん

帰宅時間

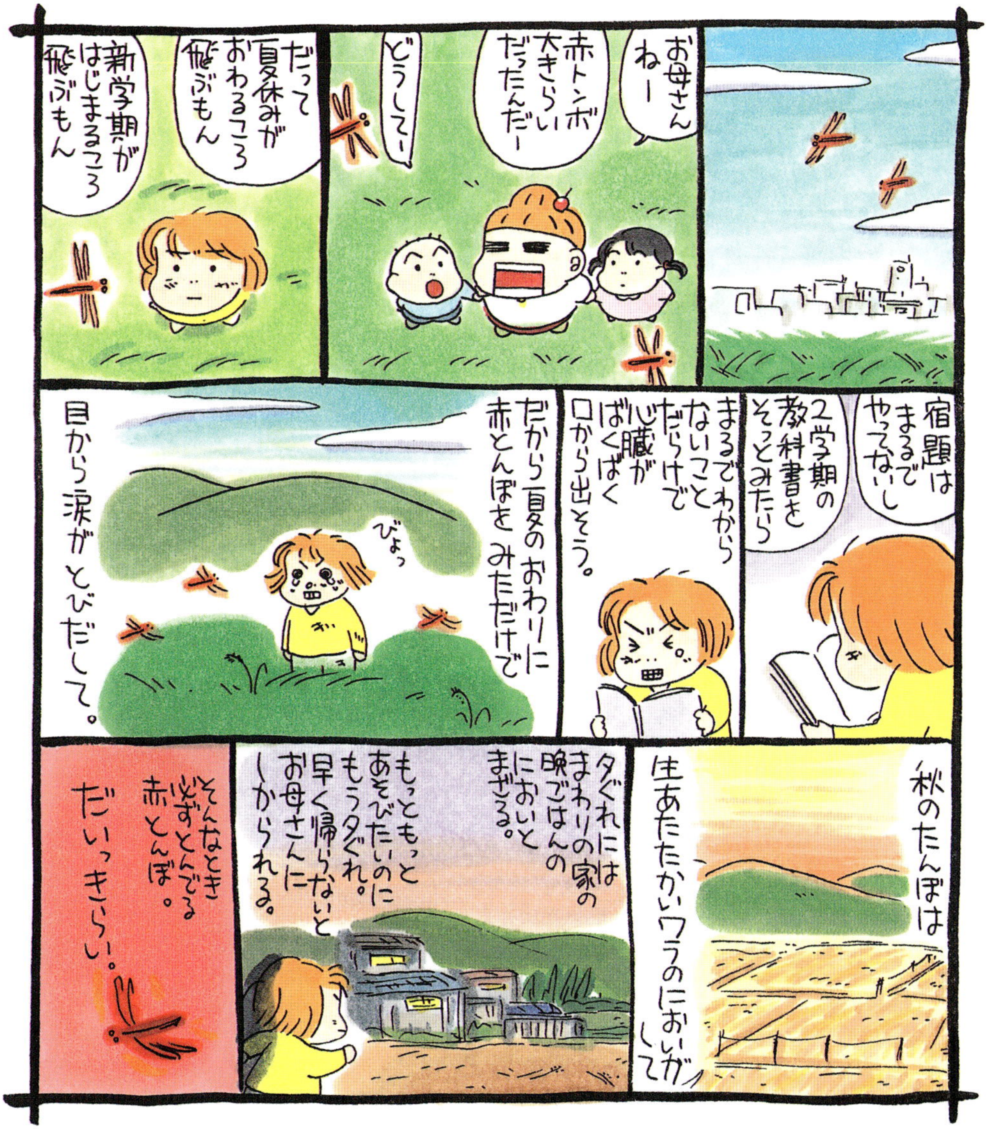
お母さんねー
赤トンボ大きらいだったんだー
どうしてー
だって夏休みがおわるころ飛ぶもん
新学期がはじまるころ飛ぶもん
宿題はまるでやってないし
2学期の教科書をそっとみたら
まるでわからないことだらけで心臓がばくばく口から出そう。
だから夏のおわりに赤とんぼをみただけで
びょっ
目から涙がとびだして。
秋のたんぼは
生あたたかいワラのにおいがして
夕ぐれにはまわりの家の晩ごはんのにおいとまざる。
もっともっとあそびたいのにもう夕ぐれ。早く帰らないとお母さんにしかられる。
そんなとき必ずとんでる赤とんぼ。
だいっきらい。

すうすう

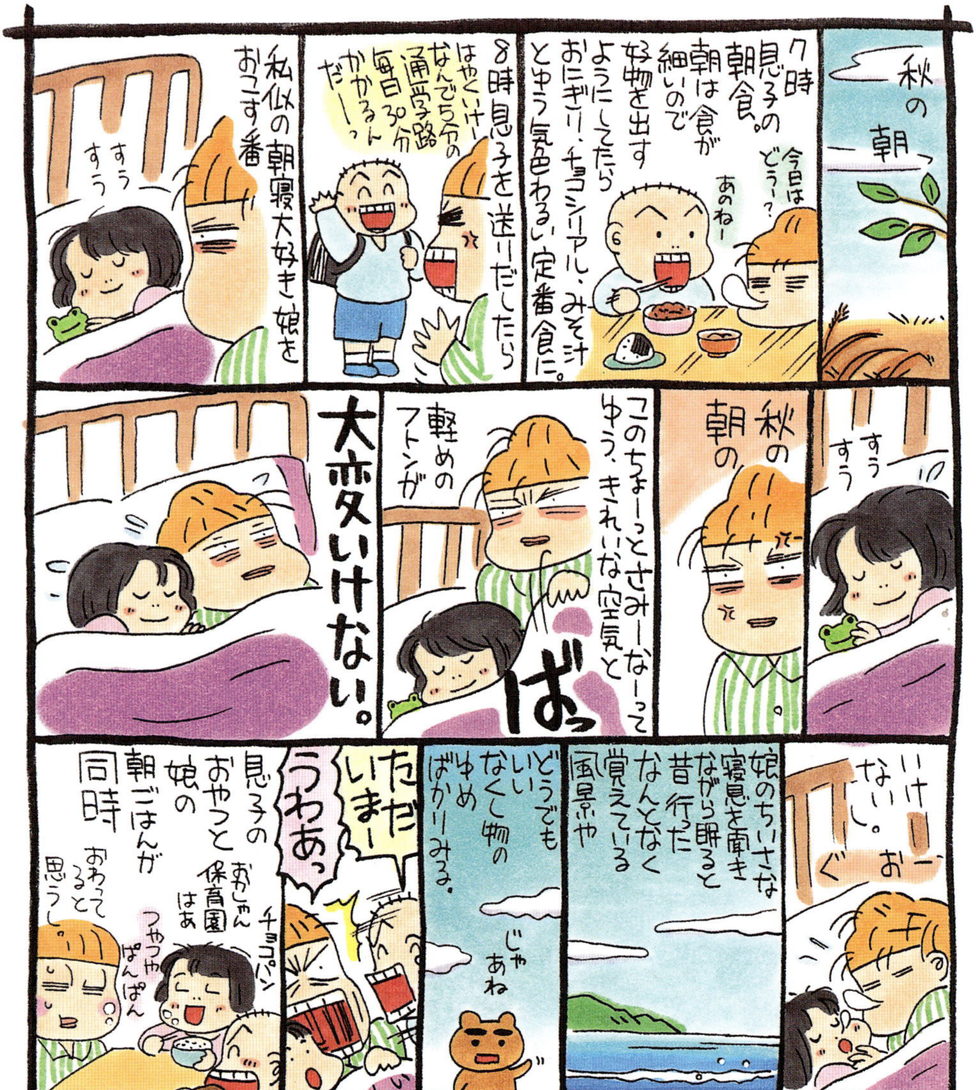
秋の朝っ
7時 息子の朝食。朝は食が細いので好物を出すようにしてたら おにぎり、チョコシリアル、みそ汁とゆう気色わるい定番食に。
今日はどう～？
あのねー
8時 息子を送りだしたら
はやくいけーなんで5分の通学路毎日30分かかるんだーっ
私似の朝寝大好き娘をおこす番
すうすう
すうすう
秋の朝の
このちょーっとさみーなーってゆう、きれいな空気と
軽めのフトンが
ばっ
大変いけない。
いけない。
おーし。
ぐー
娘のちいさな寝息を聞きながら眠ると昔行ったなんとなく覚えている風景や
どうでもいいなくし物のゆめばかりみる。
じゃあね
ただいまー
うわあっ
息子のおやつと娘の朝ごはんが同時
おわってると思うし
チョコパン
おじゃん 保育園はあ
つやつやぱんぱん

夜道

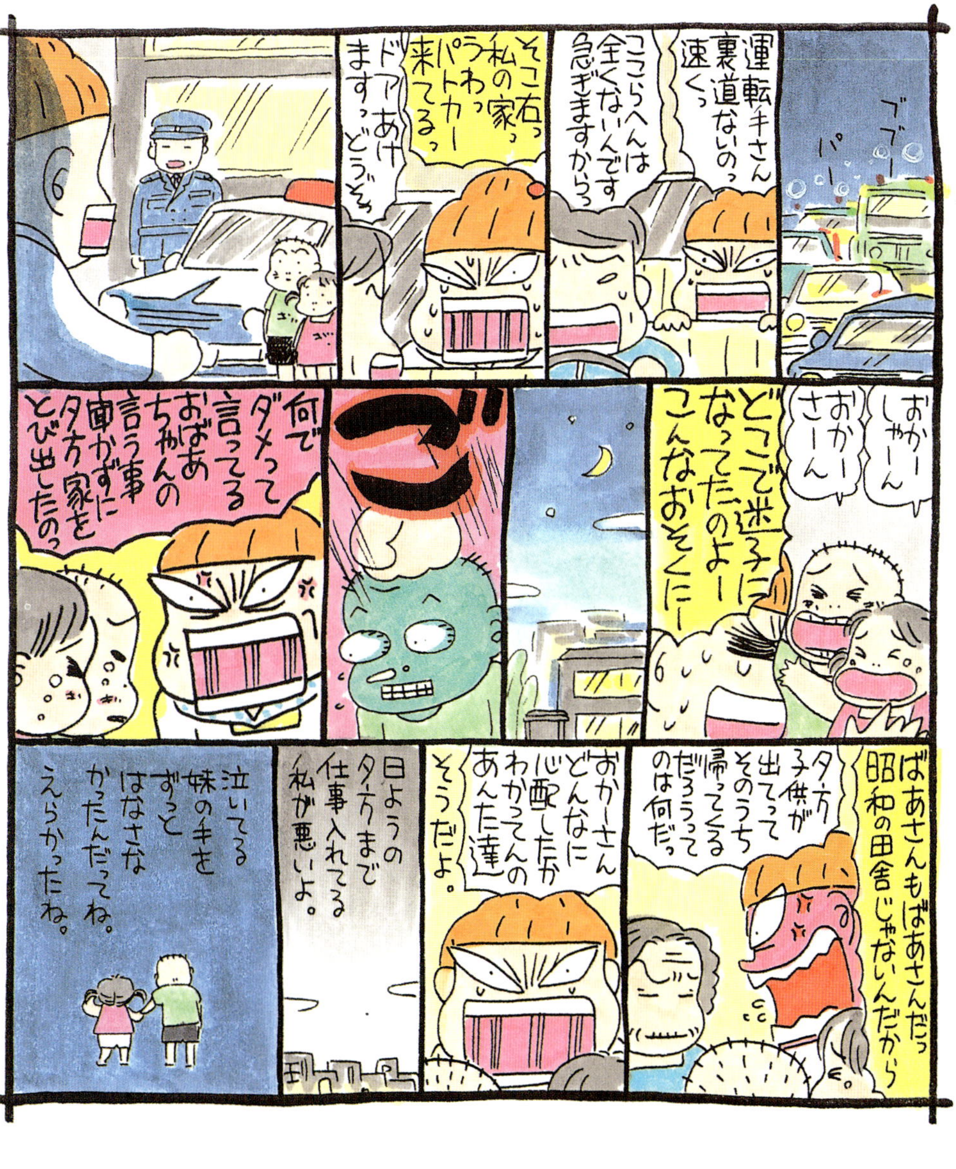
ブーブー
パー
運転手さん裏道ないのっ速くっ
ここらへんは全くないんです急ぎますからっ
そこ右っ私の家っ
うわっパトカー来てるっ
ドアあけますっどうぞっ
おかーしゃーん
おかーさーん
どこで迷子になってたのよーこんなおそくにー
ゴッ
何でダメって言ってるおばあちゃんの言う事聞かずに夕方家をとび出したのっ
ばあさんもばあさんだっ昭和の田舎じゃないんだから
夕方子供が出てってそのうち帰ってくるだろうってのは何だっ
おかーさんどんなに心配したかわかってんのあんた達
そうだよ。
日ようの夕方まで仕事入れてる私が悪いよ。
泣いてる妹の手をずっとはなさなかったんだってね。えらかったね。

家中に芥子の種が
ちらばっていた。
何でこんなもんが
家中に？
息子が　マラカスに
穴をあけて
ふりまわして
いた。

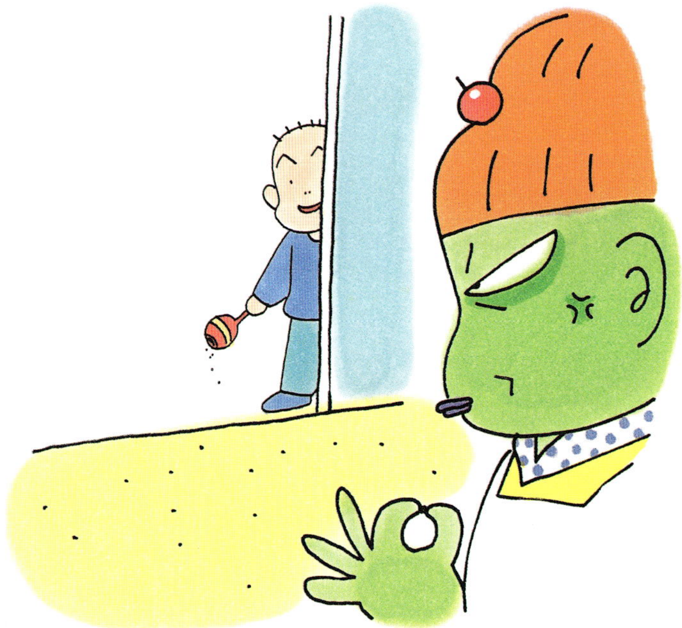

お弁当

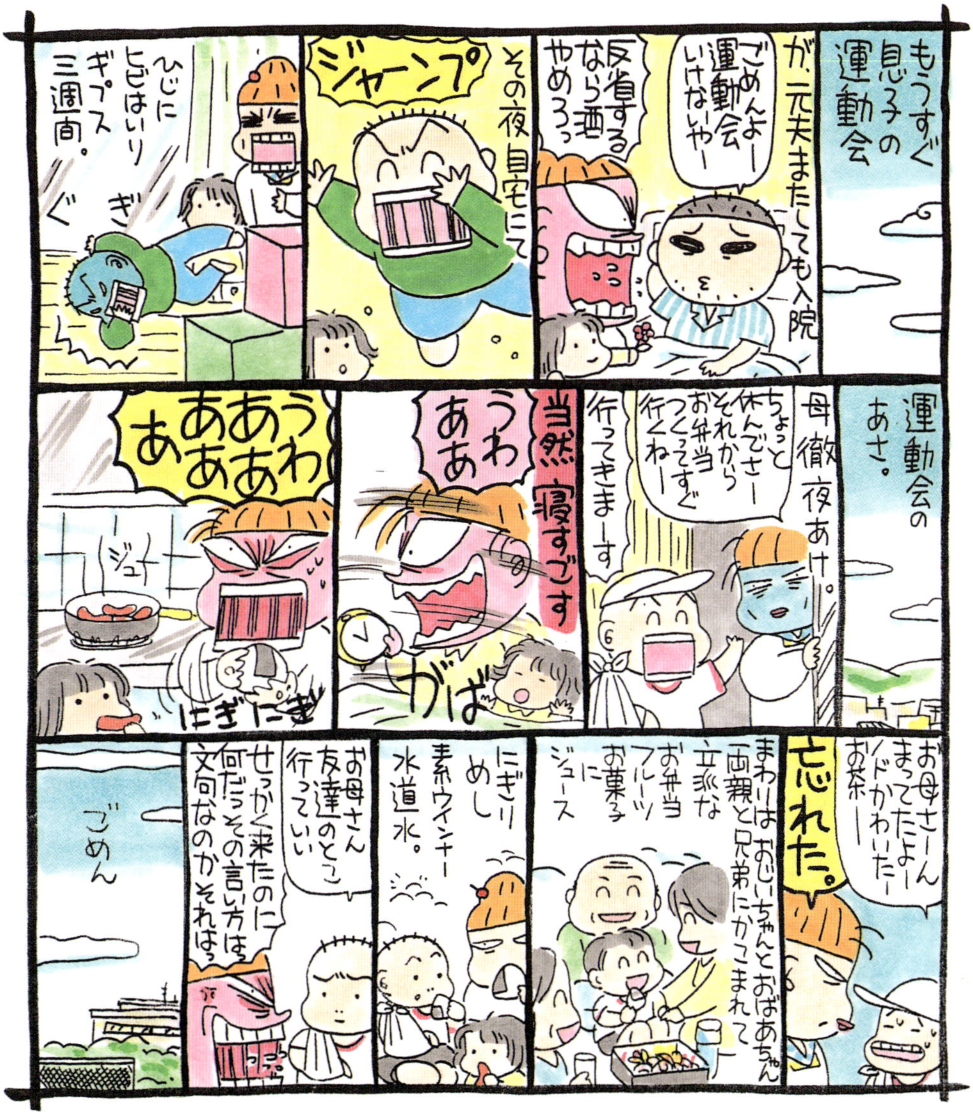

もうすぐ息子の運動会
が、元夫またしても入院
ごめんよー運動会いけないやー
反省するなら酒やめろっ
その夜自宅にて
ジャーンプ
ぎ
ぐ
ひじにヒビはいりギプス三週間。
運動会のあさ。
母徹夜あけ。
ちょっと休んでさーそれからお弁当つくってすぐ行くねー
行ってきまーす
当然寝すごす
うわあああ
がば
うわあああああああ
にぎにぎ
お母さーんまってたよー ノドかわいたーお茶ー
忘れた。
まわりはおじいちゃんとおばあちゃん両親と兄弟にかこまれて立派なお弁当フルーツお菓子にジュース
にぎりめし素ウインナー水道水。
お母さん友達のとこ行っていい
せっかく来たのに何だっその言い方は文句なのかそれはっ
ごめん

ナイス

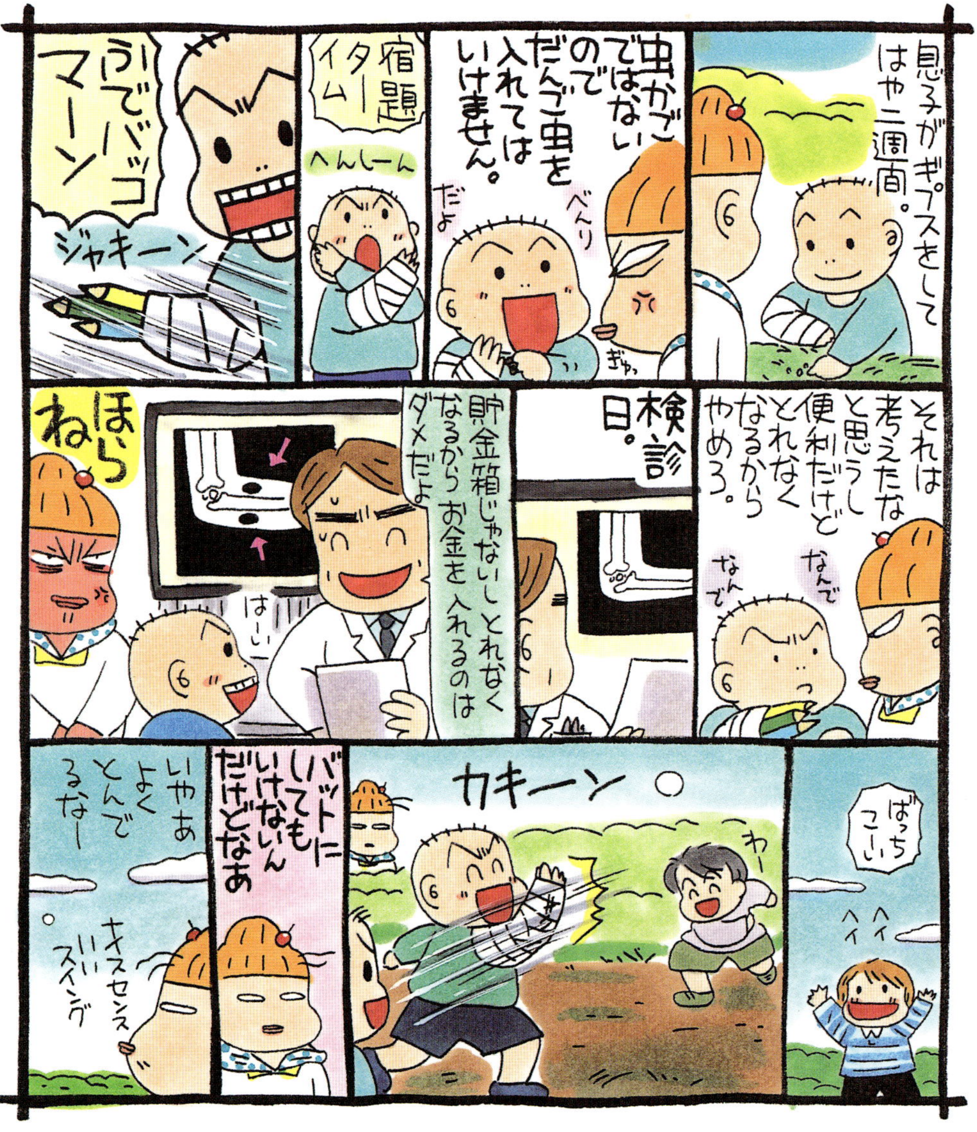
息子がギプスをしてはや二週間。
虫かごではないのでだんご虫を入れてはいけません。
べんりだよ
ぎゃっ
宿題ターイム
へんしーん
うでバッコマーン
ジャキーン
それは考えたなと思うし便利だけどとれなくなるからやめろ。
なんで
なんで
検診日。
貯金箱じゃないしとれなくなるから お金を入れるのはダメだよ
はーい
ほらね
ばっちこーい
ヘイヘイ
カキーン
わー
バットにしてもいけないんだけどなあ
いやあよくとんでるなー
ナイスセンス
いいスイング

お仲間

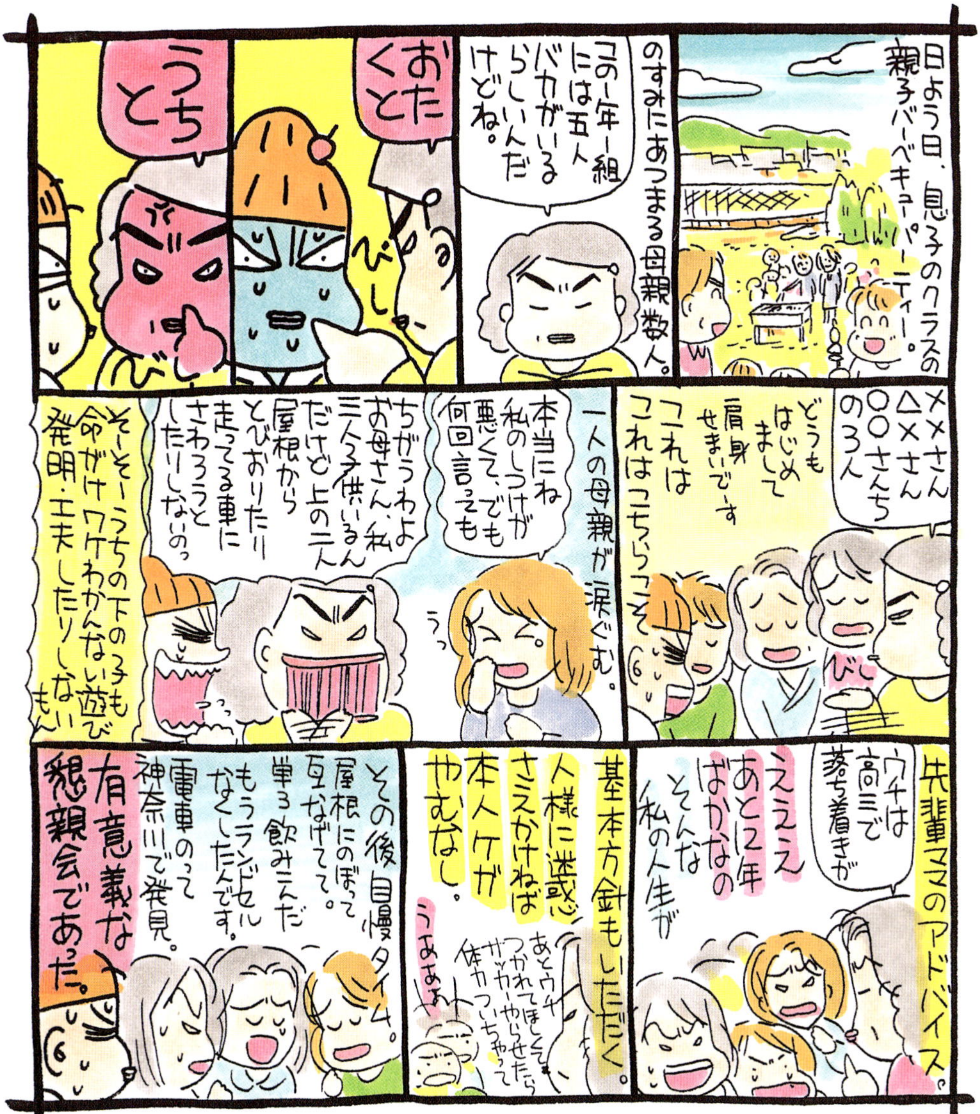

日よう日、息子のクラスの親子バーベキューパーティー。
のすみにあつまる母親数人。
「この1年1組には五人バカがいるらしいんだけどね。
おたくと
びし
うちと
びし
××さん△×さん○○さんちの3人
どうもはじめまして
肩身せまいでーす
これはこれはこちらこそ
びし
一人の母親が涙ぐむ。
本当にね私のしつけが悪くて、でも何回言っても
うっ
ちがうわよお母さん、私三人子供いるんだけど上の二人屋根からとびおりたり走ってる車にさわろうとしたりしないのっ
そーそーうちの下の子も命がけワケわかんない遊び発明・工夫したりしないもん
先輩ママのアドバイス。
ウチは高三で落ち着きが
ええええあと12年
ばかなのそんな私の人生が
基本方針もいただく。
人様に迷惑さえかけねば本人ケガやむなし。
あとウチつかれてほしくてサッカーやらせたら体力ついちゃって
うああああ
その後自慢タイム。
屋根にのぼって瓦なげてて。
単3飲みこんだ
もうランドセルなくしたんです。
電車のって神奈川で発見。
有意義な懇親会であった。

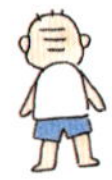

ざまみろ

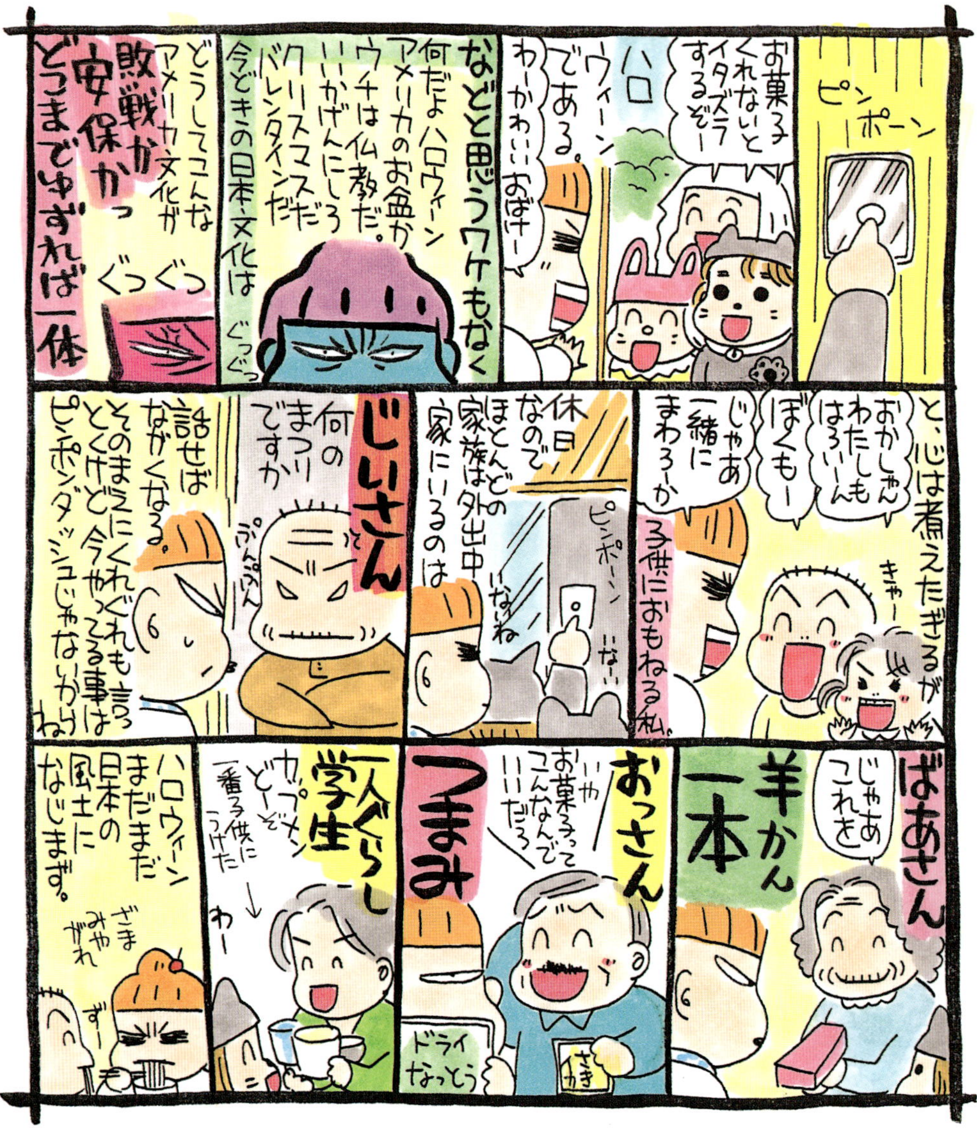
ピンポーン
お菓子くれないとイタズラするぞー
ハロウィーンである。
わーかわいいおばけー
などと思うワケもなく
何だよハロウィーン アメリカのお盆か ウチは仏教だ。いいかげんにしろ クリスマスだバレンタインだ 今どきの日本文化は
ぐつぐつ
どうしてこんなアメリカ文化が
敗戦か 安保かっ
ぐつぐつ
どこまでゆずれば一体
と、心は煮えたぎるが
おかしゃん わたしも はろいーん
ぼくもー
じゃあ一緒にまわろーか
きゃー
子供におもねる私。
休日なので ほとんどの家族は外出中 家にいるのは
ピンポーン
いないね
いない
じいさん
何のまつりですか
ぷんぷん
話せばながくなる。
そのまえにくれぐれも言っとくけど今やってる事はピンポンダッシュじゃないからね
ばあさん
じゃあこれを
羊かん一本
おっさん
いや お菓子ってこんなんでいいだろ
つまみ
ドライなっとう
さきいか
一人ぐらし学生
カップめん どーぞ
一番子供にうけた
わー
ハロウィーン まだまだ日本の風土になじみまず。
ざまみやがれ
ずー

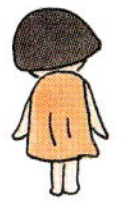

お仲間パート2

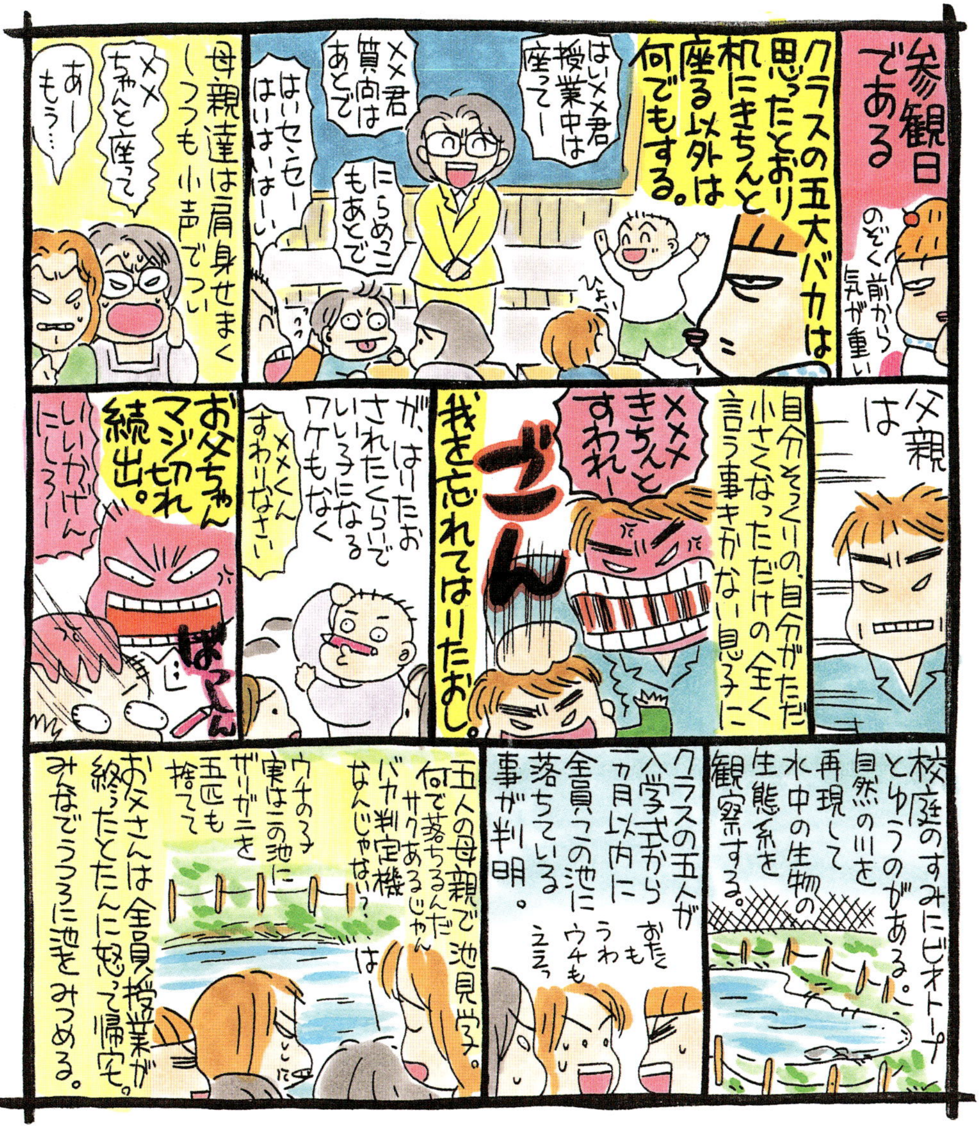

参観日である
のぞく前から気が重い
クラスの五大バカは思ったとおり机にきちんと座る以外は何でもする。
ひょこ
はい××君授業中は座ってー
××君質問はあとで
にらめっこもあとで
はいセンセー はいはーいはーい
母親達は肩身せまくしつつも小声でつい
××ちゃんと座って
あーもう…
父親は
自分そっくりの、自分がただ小さくなっただけの全く言う事きかない息子に
××きちんとすわれー
ごん
我を忘れてはりたおし。
が、はりたおされたくらいでいい子になるワケもなく
××くんすわりなさい
お父ちゃんマジ切れ続出。
いいかげんにしろー
ぱっくん
校庭のすみにビオトープとゆうのがある。自然の川を再現して水中の生物の生態系を観察する。
クラスの五人が入学式から一カ月以内に全員この池に落ちている事が判明。
おたくも
うわウチも
えぇっ
五人の母親で池見学。
何で落ちるんだサクあるじゃん
バカ判定機なんじゃない?
ウチの子実はこの池にザリガニを五匹も捨てて
はー
しーん
お父さんは全員授業が終ったとたんに怒って帰宅。みなでうつろに池をみつめる。

逃避

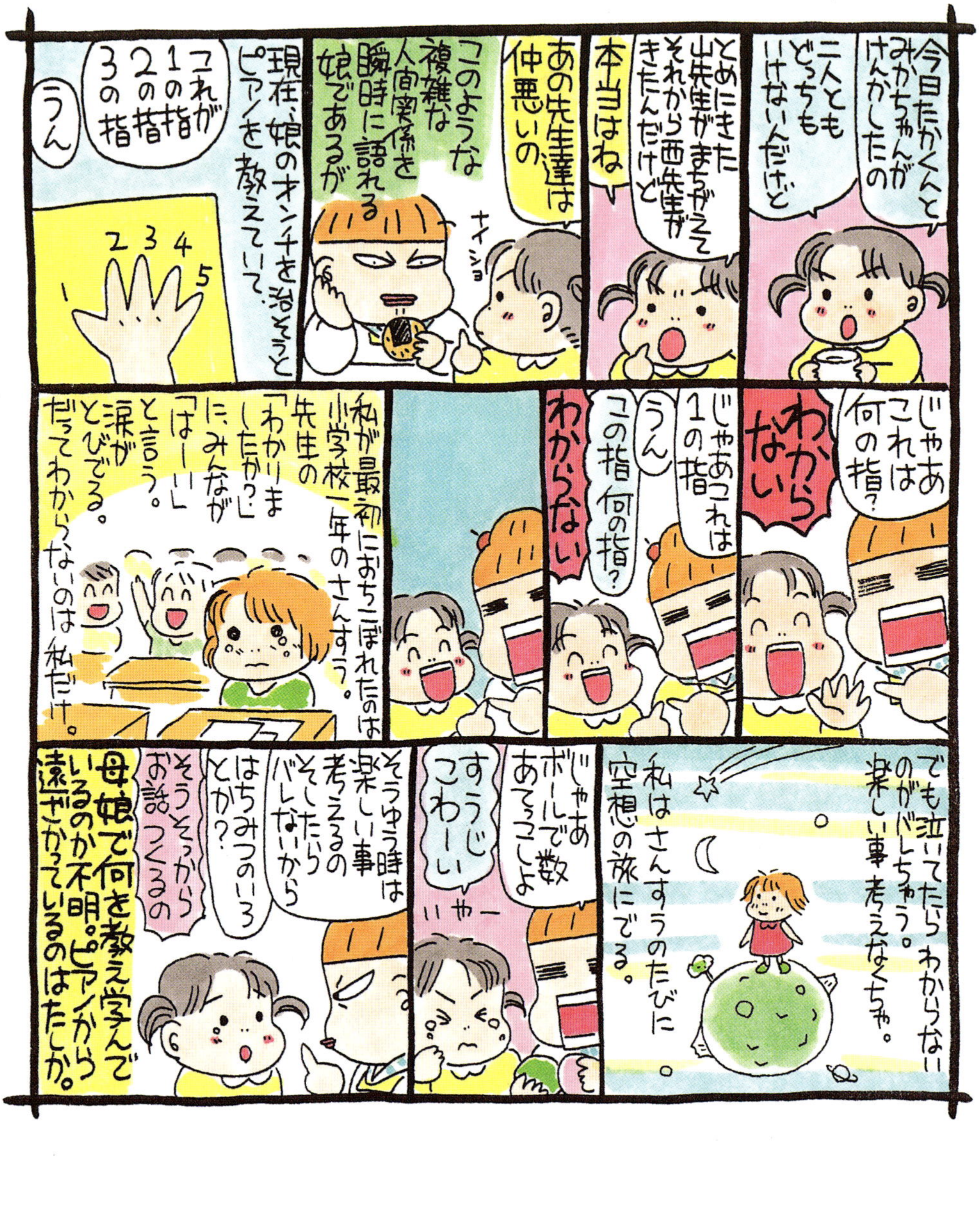

今日たかくんと
みかちゃんが
けんかしたの
二人とも
どっちも
いけないんだけど
とめにきた
山先生がまちがえて
それから西先生が
きたんだけど
本当はね
あの先生達は
仲悪いの
ナイショ
このような
複雑な
人間関係を
瞬時に語れる
娘であるが
現在、娘のオンチを治そうと
ピアノを教えていて、
これが
1の指
2の指
3の指
うん
1
2
3
4
5
じゃあ
これは
何の指?
わからない
じゃあこれは
1の指
うん
この指
何の指?
わからない
私が最初におちこぼれたのは
小学校一年のさんすう。
先生の
「わかりましたか?」
にみんなが
「はーい」
と言う。
涙が
とびでる。
だってわからないのは私だけ。
でも泣いてたら わからない
のがバレちゃう。
楽しい事考えなくちゃ。
私はさんすうのたびに
空想の旅にでる。
じゃあ
ボールで数
あてっこしよ
すうじ
こわーい
いやー
そうゆう時は
楽しい事
考えるの
そしたら
バレないから
はちみつのいろ
とか?
そうそっから
お話つくるの
母娘で何を教え学んで
いるのか不明。ピアノから
遠ざかっているのはたしか。

母の問題

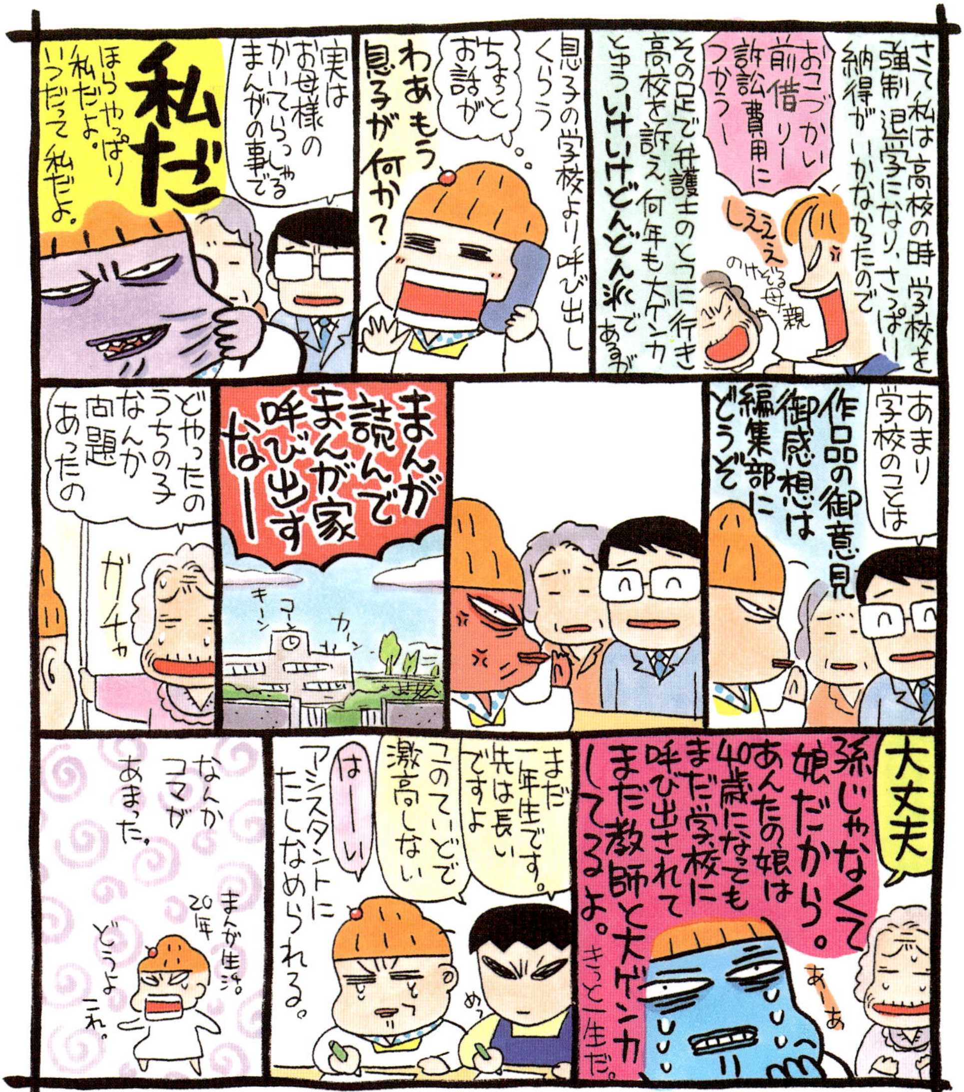

さて私は高校の時 学校を強制退学になり、さっぱり納得がいかなかったので
おこづかい 前借りー 訴訟費用につかうー
しえええ
のけぞる母親
その足で弁護士のとこに行き高校を訴え、何年も大ゲンカというけいけどんどん派であるが
息子の学校より呼び出しくらう
ちょっとお話が
わあもう息子が何か？
実はお母様のかいてらっしゃるまんがの事で
私だ
ほらやっぱり私だよ。いつだって私だよ。
あまり学校のことは
作品の御意見御感想は編集部にどうぞ
まんが読んでまんが家呼び出すなー
キーン コーン カーン
どやったのうちの子なんか問題あったの
ガチャ
大丈夫
孫じゃなくて娘だから。あんたの娘は40歳になってもまだ学校に呼び出されてまだ教師と大ゲンカしてるよ。
あーあ
きっと一生だ。
まだ一年生です。先は長いですよ
このていどで激高しない
はーーい
とっ
めっ
アシスタントにたしなめられる。
なんかコマがあまった。
まんが生活20年
どうよこれ。

娘の保育園は
自転車で送ってる。
雨の日は
「何でそんなおもいまでして送らにゃならんのだ」
てことで自主休園。
たまに雨の日ゆくと
「お母さんがんばりましたね」
保母さんにほめられる。

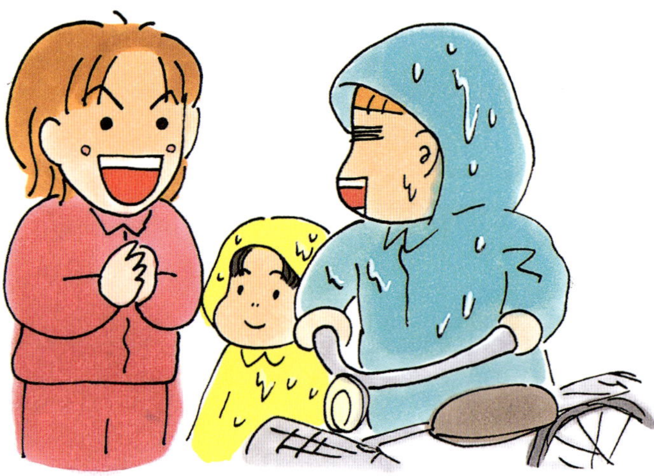

男女の仲

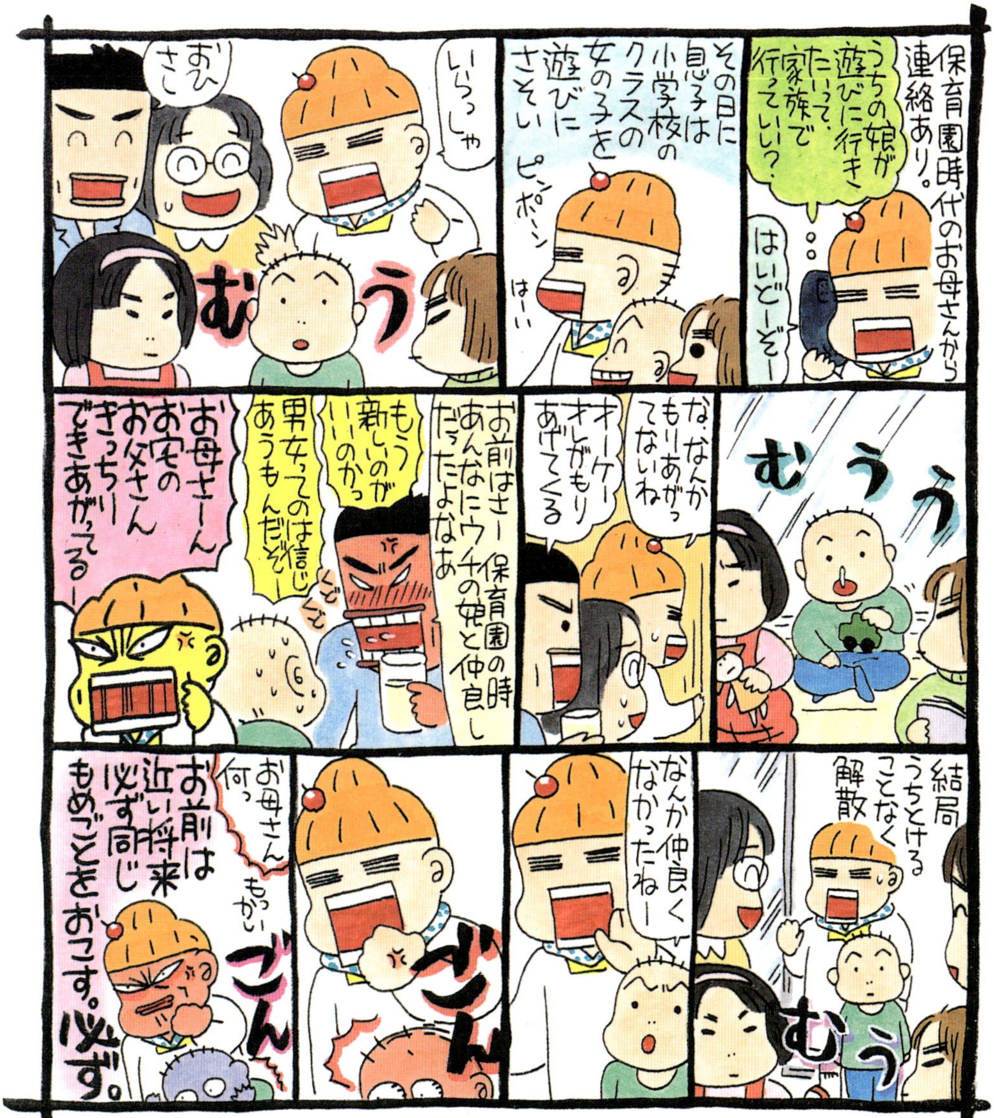
保育園時代のお母さんから連絡あり。
うちの娘が遊びに行きたいって、家族で行っていい?
はいどーぞー
その日に息子は小学校のクラスの女の子を遊びにさそい
ピンポーン
はーい
いらっしゃ
おひさし
むう
むうう
な、なんかもりあがってないね
オーケーオレがもりあげてくる
お前はさー保育園の時あんなにウチの娘と仲良しだったよなあ
もう新しいのがいいのかっ
男女ってのは信じあうもんだぞー
くどくど
お母さーんお宅のお父さんきっちりできあがってるー
結局うちとけることなく解散
むう
なんか仲良くなかったねー
ごん
お母さん何っ
もっかい
ごん
お前は近い将来必ず同じもめごとをおこす。必ず。

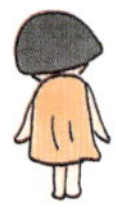

さとり

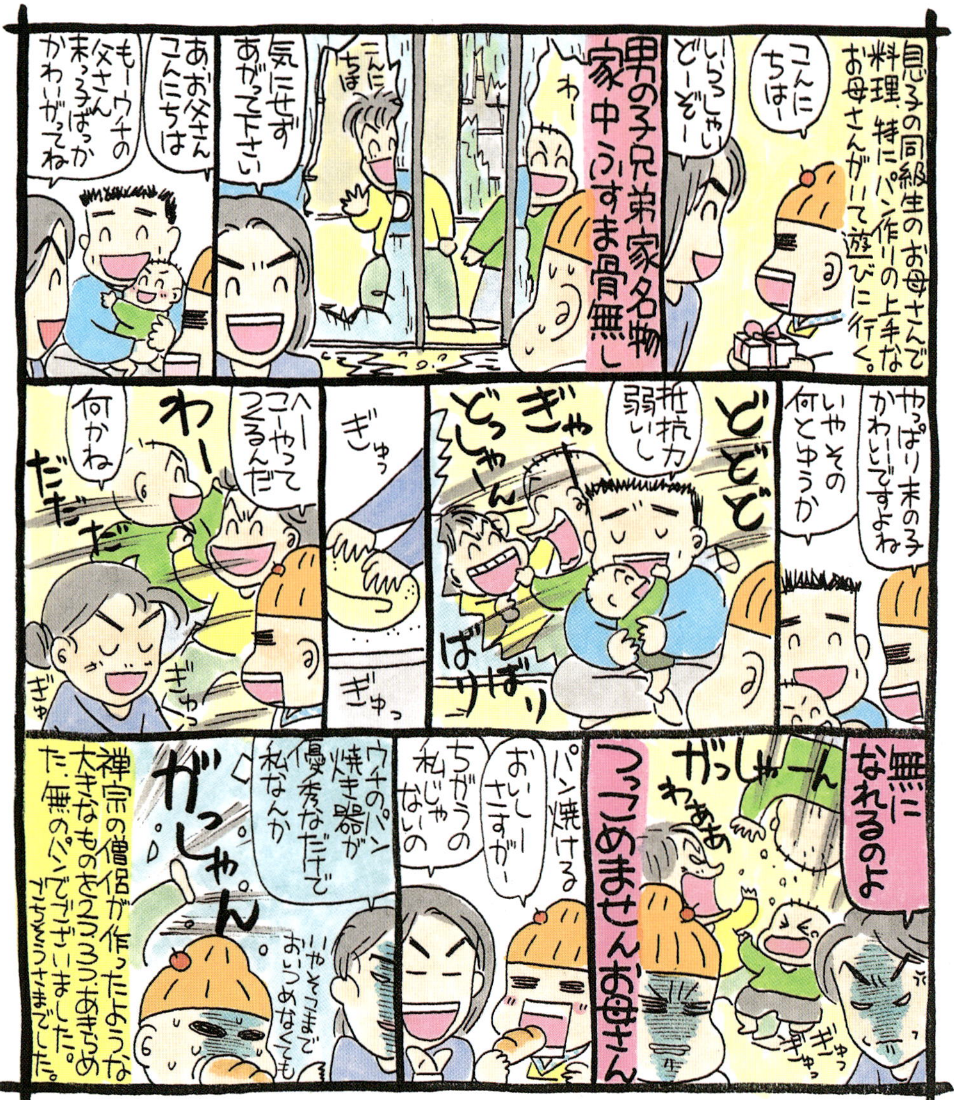
息子の同級生のお母さんで料理、特にパン作りの上手なお母さんがいて遊びに行く。
こんにちはー
いらっしゃい どーぞー
男の子兄弟家名物 家中ふすま骨無し
わー
こんにちは
気にせずあがって下さい
あ、お父さんこんにちは
もーウチの父さん末っ子ばっかかわいがってね
やっぱり末の子かわいいですよね
いやその何とゆうか
どどど
抵抗力弱いし
ぎゃー
どっしゃーん
ばりばり
ぎゅっ
ぎゅっ
へーこーやってつくるんだ
わー
何かね
だだだ
ぎゅっ
ぎゅっ
無になれるのよ
がっしゃーん
わあああ
つっこめませんお母さん
ぎゅっ
ぎゅっ
パン焼ける
おいしーさすがー
ちがうの私じゃないの
ウチのパン焼き器が優秀なだけで私なんか
いやそこまでおいつめなくても
がっしゃん
禅宗の僧侶が作ったような大きなものをスコーンとあきらめた無のパンでございました。ごちそうさまでした。

君には負ける

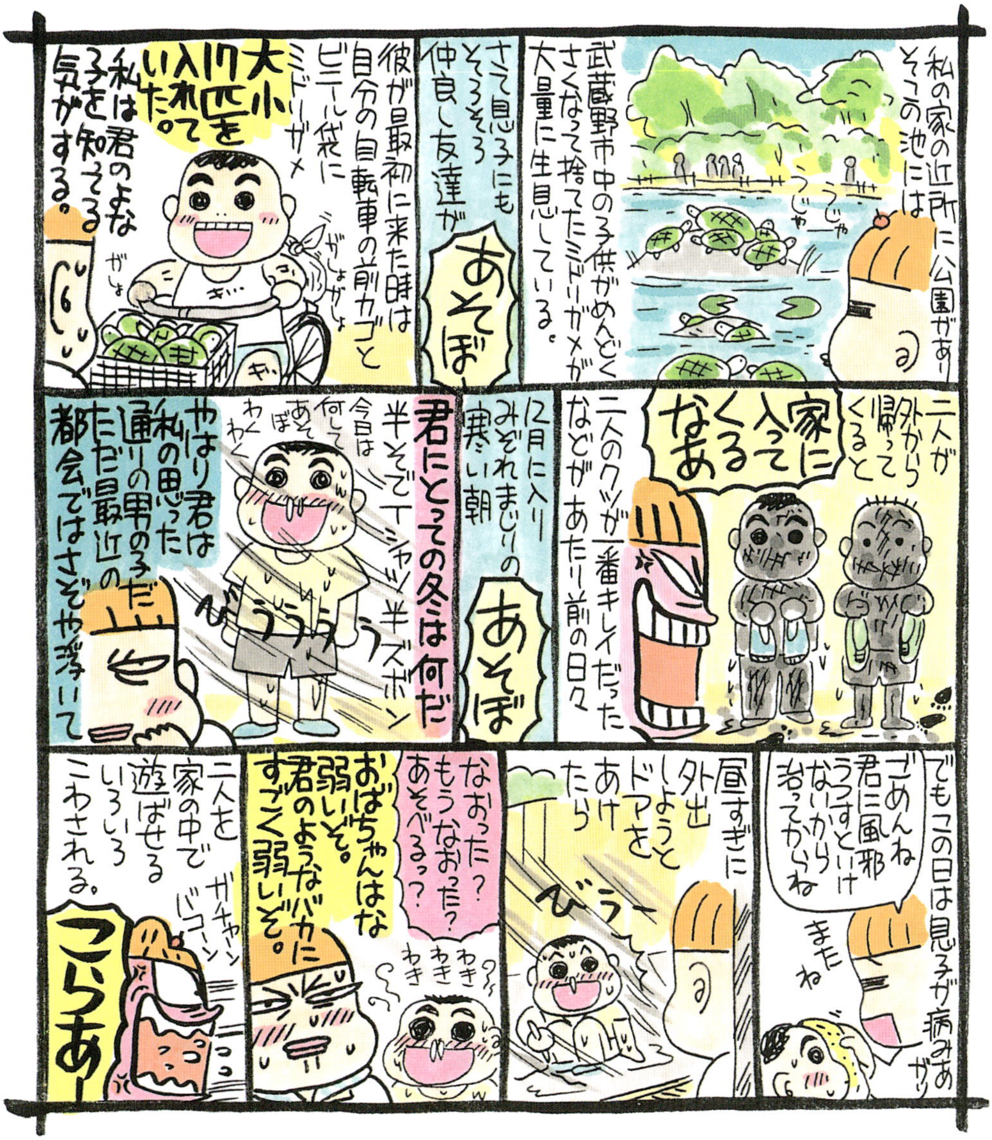

私の家の近所に公園があり そこの池には
うじゃ うじゃ
武蔵野市中の子供がめんどくさくなって捨てたミドリガメが大量に生息している。
さて息子にもそろそろ仲良し友達が
あそぼー
彼が最初に来た時は自分の自転車の前カゴとビニール袋にミドリガメ
大小17匹を入れていた。
ガショガショ
がしょ
私は君のような子を知ってる気がする。
二人が外から帰ってくると
家に入ってくるなあ
二人のクツが一番キレイだったなどがあたり前の日々
12月に入りみぞれまじりの寒い朝
あそぼ
君にとっての冬は何だ
半そでTシャツ半ズボン
今日は何して あそぼ
わくわく
びゅうううううう
やはり君は私の思った通りの男の子だ
ただ最近の都会ではさぞや浮いて
でもこの日は息子が病みあがり
ごめんね 君に風邪うつすといけないから治ってからね
また ね
ゴ
昼すぎに外出しようとドアをあけたら
びゅ〜
なおった？ もうなおった？ あそべるっ？
わき わき わき
おばちゃんはな弱いぞ。君のようなバカにすごく弱いぞ。
二人を家の中で遊ばせるといろいろこわされる。
ガチャーン バコーン
こらあー

お帰り

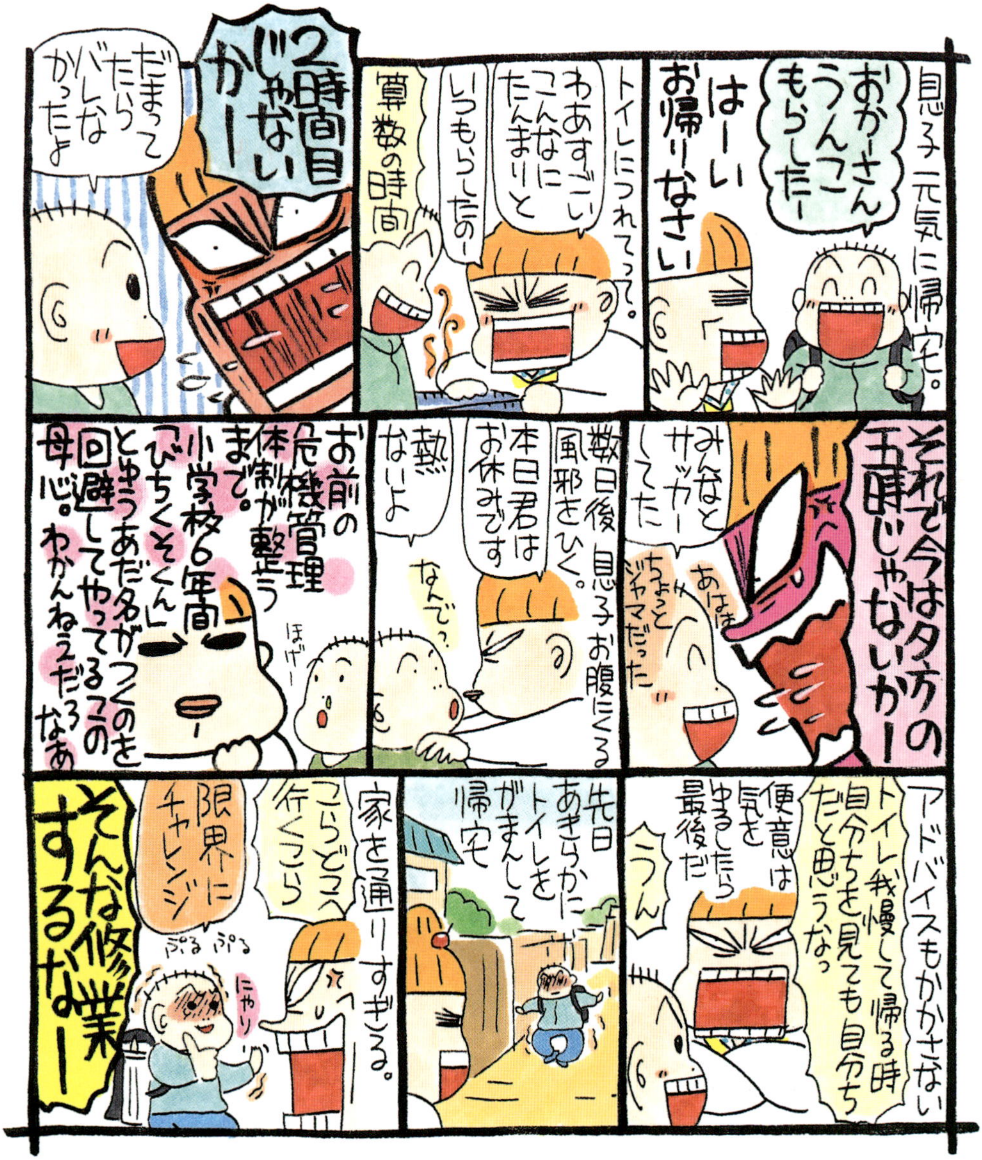

息子元気に帰宅。
おかーさん うんこもらしたー
はーい お帰りなさい
トイレにつれてって。
わあすごい こんなにたんまりと
いつもらしたの一
算数の時間
2時間目じゃないかー
だまってたらバレなかったよ
それで今は夕方の五時じゃないかー
みんなとサッカーしてた
あはは
ちょっとジャマだった
数日後息子お腹にくる風邪をひく。
本日君はお休みです
熱ないよ
なんでっ
お前の危機管理体制が整うまで。小学校6年間「びちくそくん」とゆうあだ名がつくのを回避してやってるこの母心。わかんねえだろうなあ
ほげー
アドバイスもかかさない
トイレ我慢して帰る時自分ち見ても自分ちだと思うなっ
便意は気をゆるしたら最後だ
うん
先日あきらかにトイレをがまんして帰宅
家を通りすぎる。
こらどこへ行くこら
限界にチャレンジ
ぷる ぷる
にやり
そんな修業するなー

年の終わり

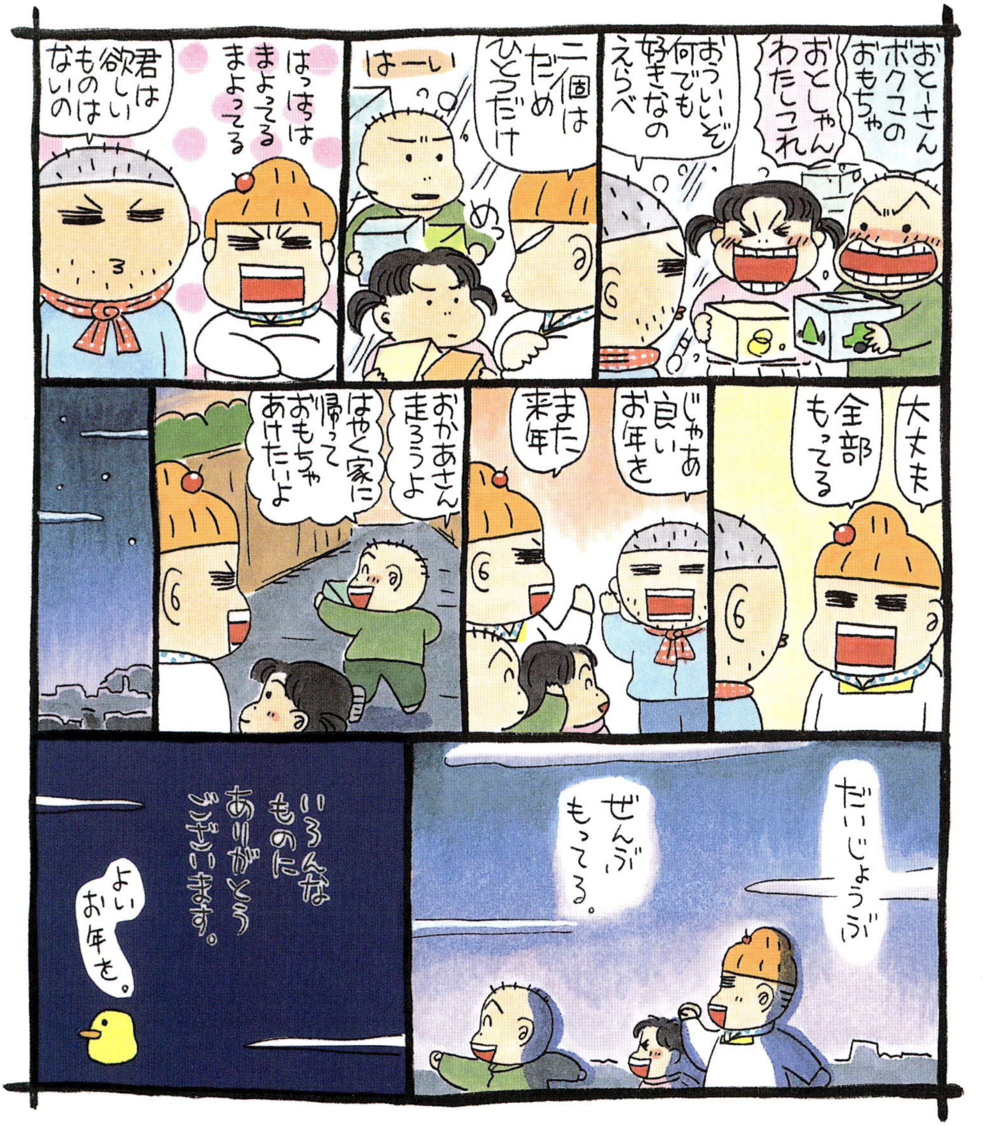

おとーさん ボクこのおもちゃ
おとしゃん わたしこれ
おっいいぞ 何でも好きなのえらべ
二個はだめ ひとつだけ
はーい
めっ
はっはっは まよってる まよってる
君は欲しいものはないの
大丈夫
全部もってる
じゃあ良いお年を
また来年
おかあさん走ろうよ
はやく家に帰っておもちゃあけたいよ
だいじょうぶ
ぜんぶもってる。
いろんなものにありがとうございます。
よいお年を。

アジアのこどもたち

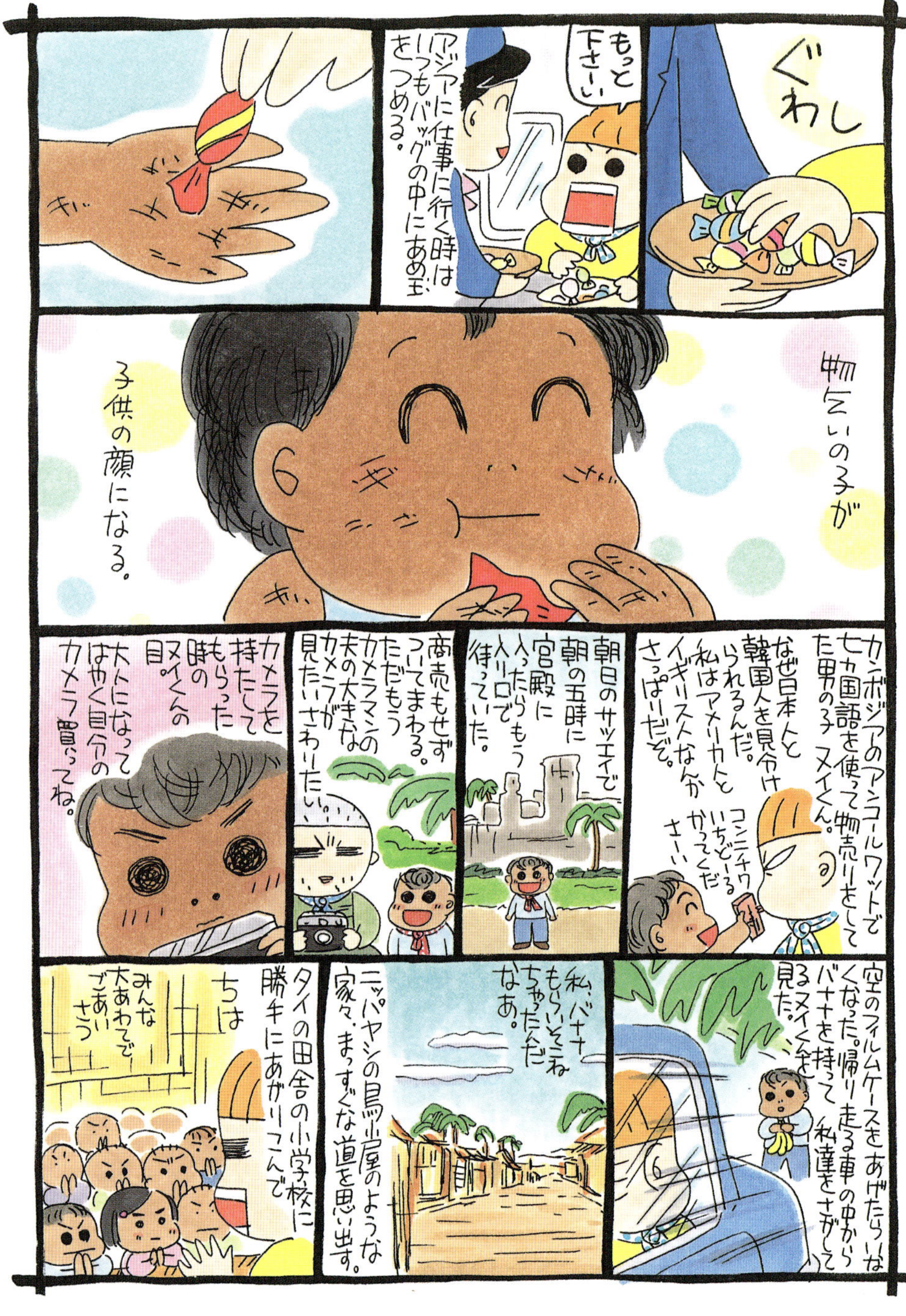

ぐわし
もっと下さーい
アジアに仕事に行く時はいつもバッグの中にあめ玉をつめる。
物乞いの子が
子供の顔になる。
カンボジアのアンコールワットで七カ国語を使って物売りをしていた男の子 ヌイくん。
なぜ日本人と韓国人を見分けられるんだ。私はアメリカ人とイギリス人なんかさっぱりだぞ。
コンニチワ いちどーる かってくださーい
朝日のサツエイで朝の五時に宮殿に入ったらもう入り口で待っていた。
商売もせずついてまわる。ただもうカメラマンの夫の大きなカメラが見たいさわりたい。
カメラを持たしてもらった時のヌイくんの目。
大人になってはやく自分のカメラ買ってね。
空のフィルムケースをあげたらいなくなった。帰り走る車の中からバナナを持って私達をさがしてるヌイくんを見た。
私、バナナもらいそこねちゃったなあ。
ニッパヤシの鳥小屋のような家々、まっすぐな道を思い出す。
タイの田舎の小学校に勝手にあがりこんで
ちは
みんな大あわてでごあいさつ

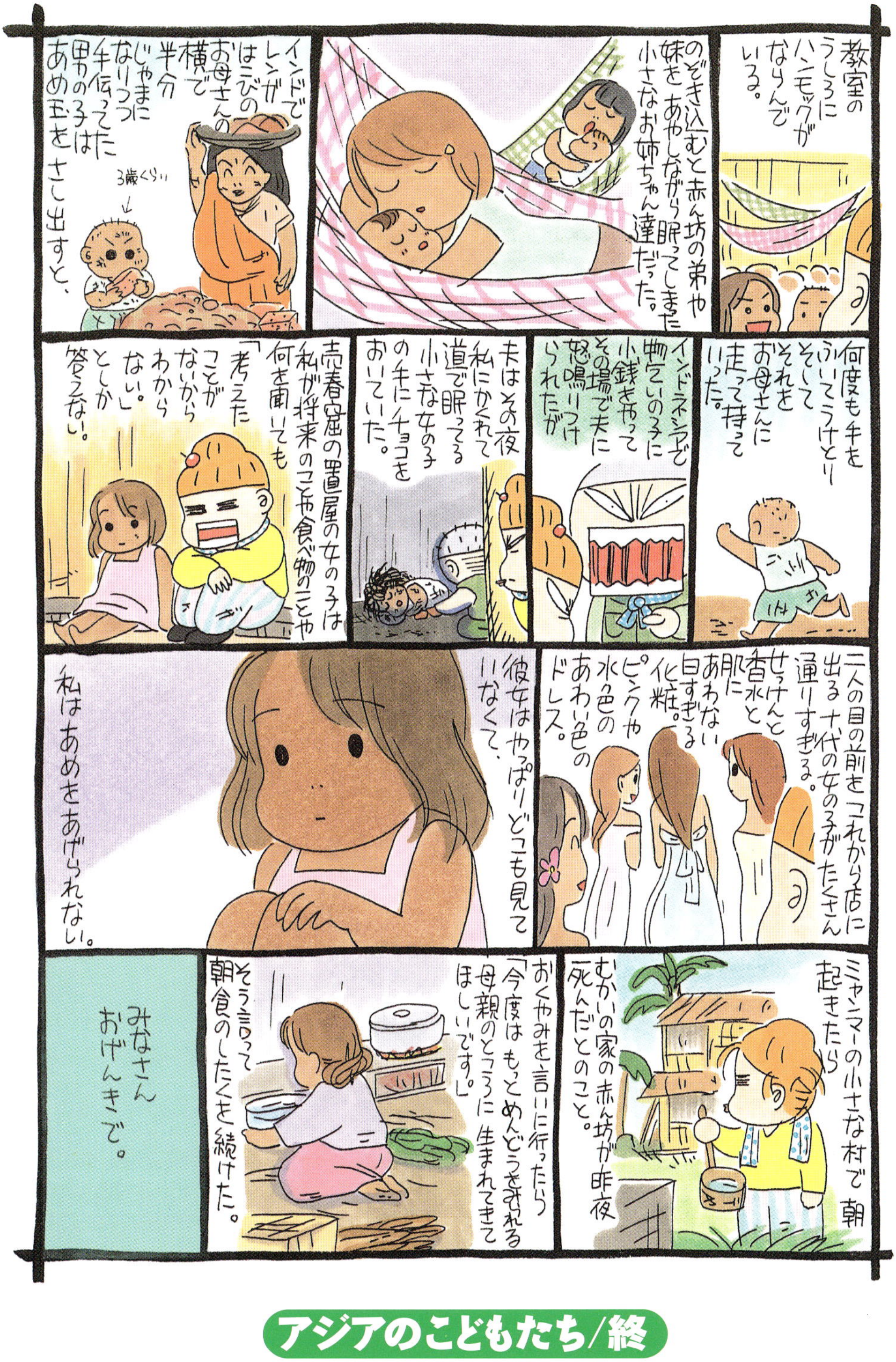
教室のうしろにハンモックがならんでいる。
のぞき込むと赤ん坊の弟や妹をあやしながら眠ってしまった小さなお姉ちゃん達だった。
インドでレンガはこびのお母さんの横で半分じゃまになりつつ手伝ってた男の子はあめ玉をさし出すと、
3歳くらい
何度も手をふってうけとりそしてそれをお母さんに走って持っていった。
インドネシアで物乞いの子に小銭をやってその場で夫に怒鳴りつけられたが
夫はその夜私にかくれて道で眠ってる小さな女の子の手にチョコをおいていた。
売春宿の置屋の女の子は私が将来のこと食べ物のことや何を聞いても
「考えたことがないからわからない。」
としか答えない。
二人の目の前をこれから店に出る十代の女の子がたくさん通りすぎる。
せっけんと香水と肌にあわない白すぎる化粧。ピンクや水色のあわい色のドレス。
彼女はやっぱりどこも見ていなくて、
私はあめをあげられない。
ミャンマーの小さな村で朝起きたら
むかいの家の赤ん坊が昨夜死んだとのこと。
おくやみを言いに行ったら
「今度はもっとめんどうをみれる母親のところに生まれてきてほしいです。」
そう言って朝食のしたくを続けた。
みなさんおげんきで。

アジアのこどもたち/終

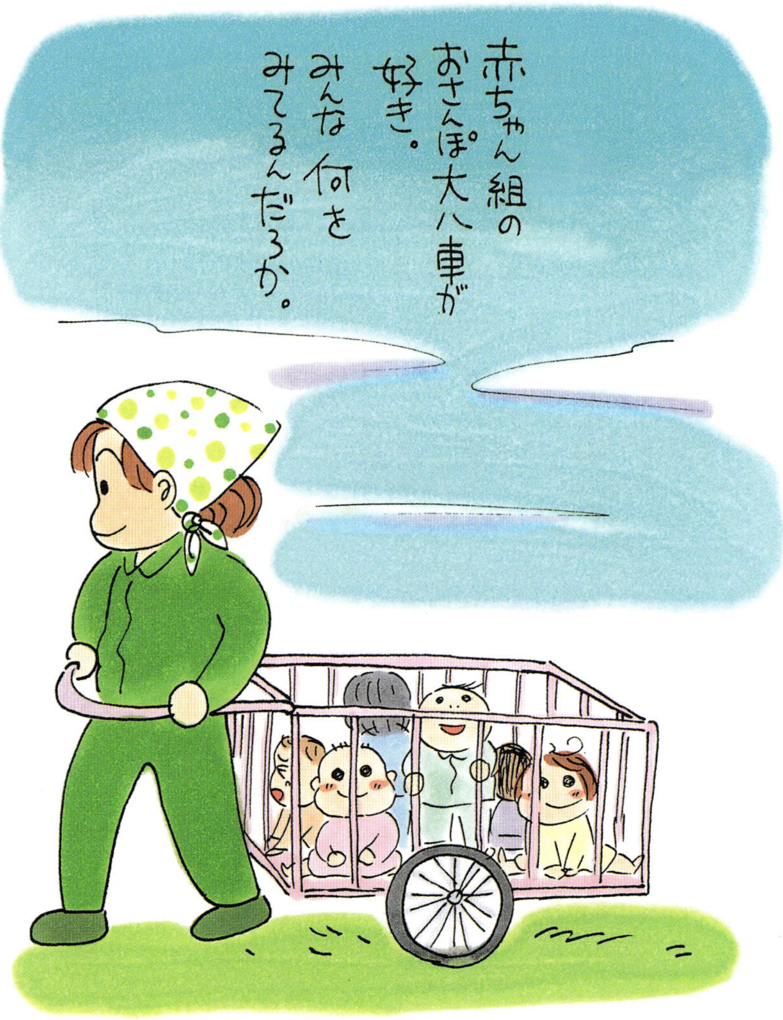
赤ちゃん組の
おさんぽ大八車が
好き。
みんな何を
みてるんだろか。

もわもわ

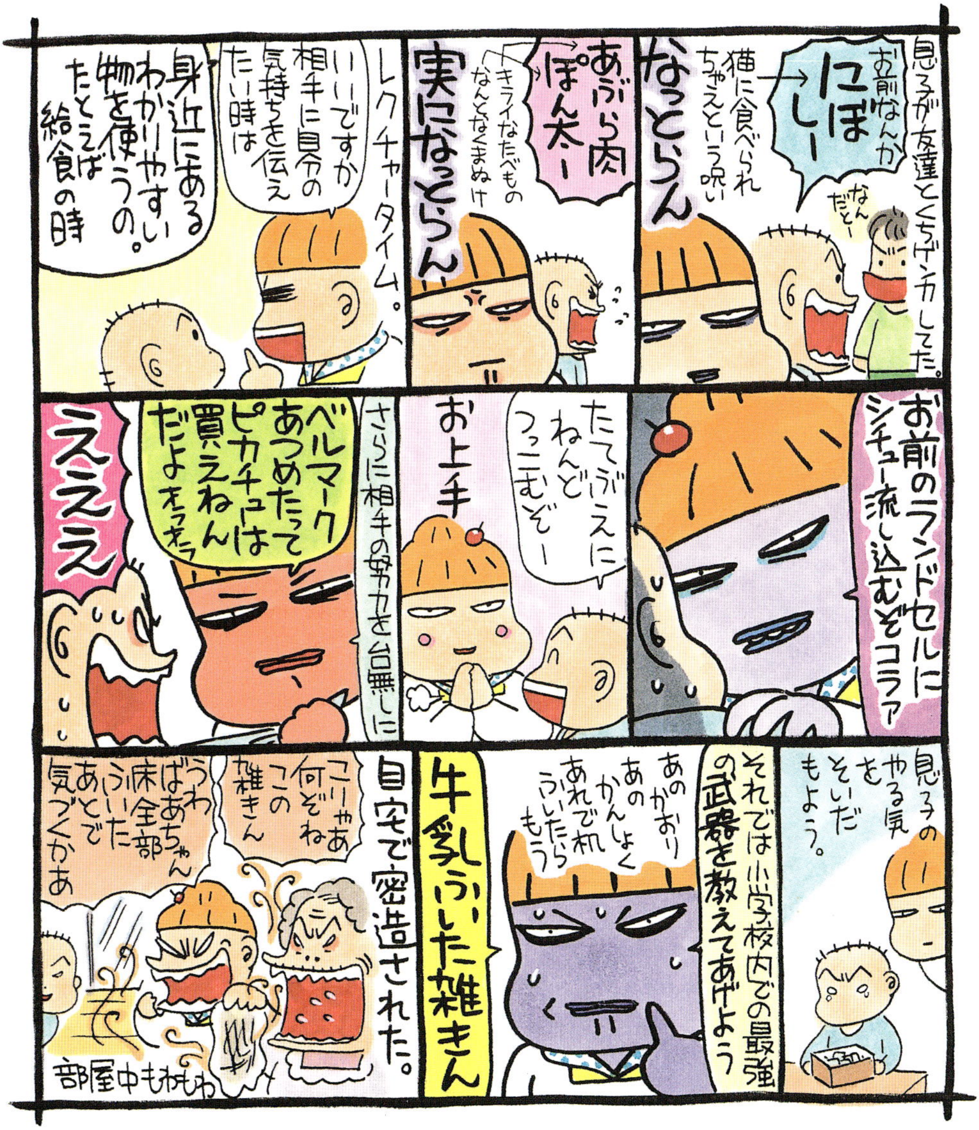

息子が友達とくちゲンカしてた。
お前なんか
にぼしー
猫に食べられちゃえという呪い
なんだとー
なっとらん
あぶら肉ぽん太ー
キライなたべものなんとなくまぬけ
実になっとらん
レクチャータイム。
いいですか相手に自分の気持ちを伝えたい時は
身近にあるわかりやすい物を使うの。たとえば給食の時
お前のランドセルにシチュー流し込むぞコラァ
たてぶえにねんどつっこむぞー
お上手
さらに相手の努力を台無しに
ベルマークあつめたってピカチュウは買えねんだよオラオラ
えええ
息子のやる気をそいだもよう。
それでは小学校内での最強の武器を教えてあげよう
あのかおりあのかんしょくあれで机ふいたらもう
牛乳ふいた雑きん
自宅で密造された。
こりゃあ何ぞねこの雑きん
うわばあちゃん床全部ふいたあとで気づくかあ
部屋中もわもわ

おせち

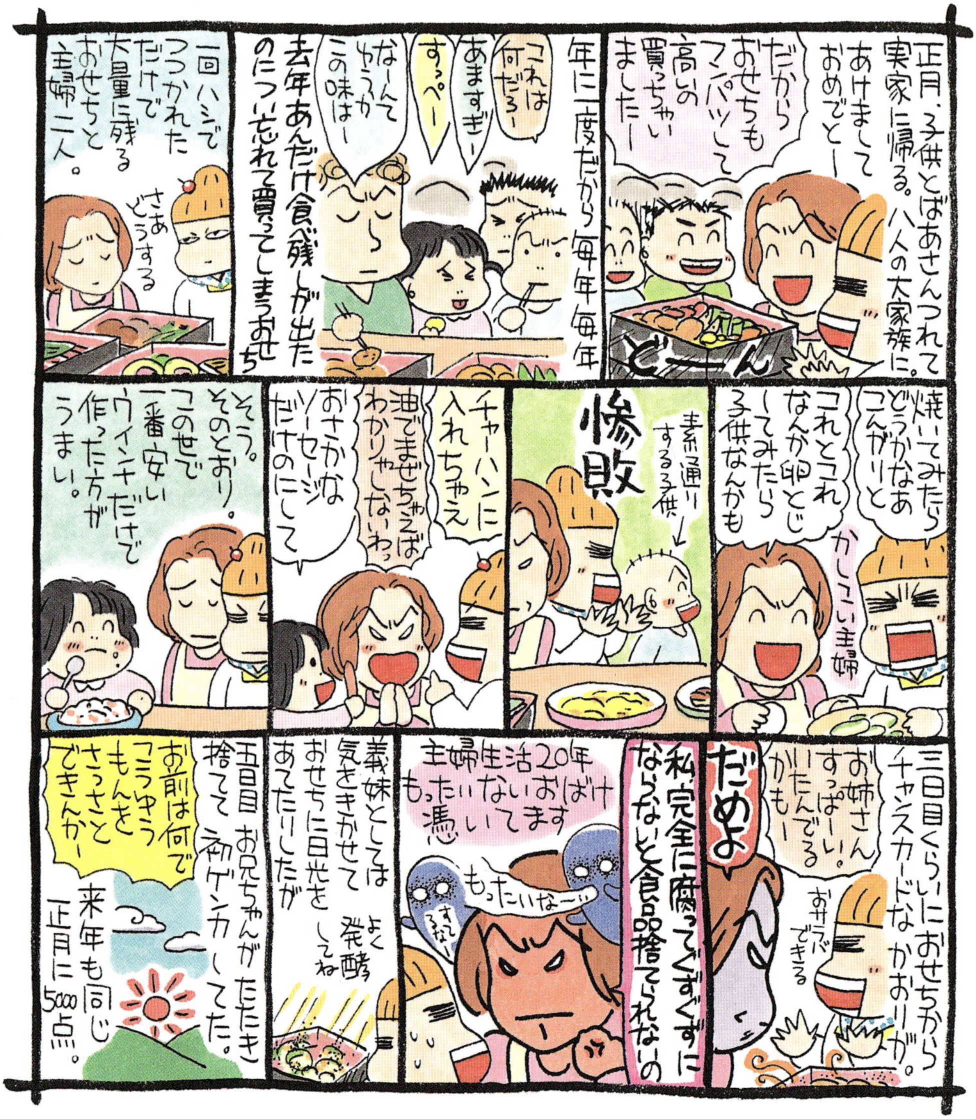

正月、子供とばあさんつれて実家に帰る。八人の大家族に。
あけましておめでとー
だからおせちもフンパツして高いの買っちゃいましたー
どーーん
年に一度だから毎年毎年
これは何だろー
あますぎー
すっぺー
なーんてゆうかこの味はー
去年あんだけ食べ残しが出たのについ忘れて買ってしまうおせち
一回ハシでつつかれただけで大量に残るおせちと主婦二人。
さあどうする
焼いてみたらどうかなあこんがりと
これとこれなんか卵とじしてみたら子供なんかも
かしこい主婦
惨敗
素通りする子供
チャーハンに入れちゃえ
油でまぜちゃえばわかりゃしないわっ
おさかなソーセージだけのにして
そう。そのとおり。この世で一番安いウインナだけで作った方がうまい。
三日目くらいにおせちからチャンスカードなかおりが。
お姉さんすっぱーい!いたんでるかもー
おサラバできる
だめよ
私完全に腐ってぐずぐずにならないと食器捨てられないの
主婦生活20年もったいないおばけ憑いてます
もったいなーい
すてるな!
義妹としては気をきかせておせちに日光をあてたりしたが
よく発酵してね
五日目お兄ちゃんがたたき捨てて初ゲンカしてた。
お前は何でコーゆうもんをさっさとできんかー
来年も同じ正月に5000点。

祝福

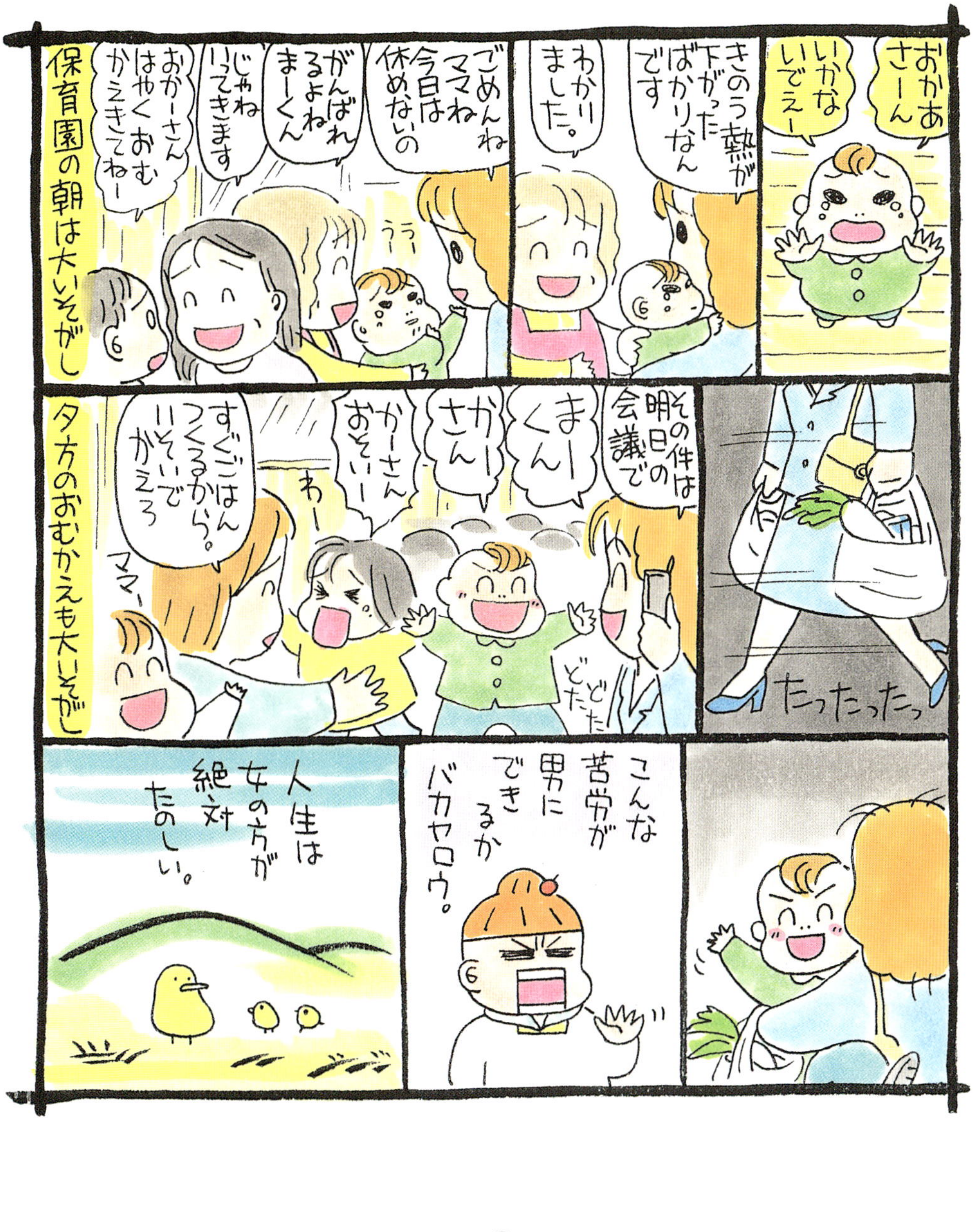

おかあさーん
いかないでえー
きのう熱が下がったばかりなんです
わかりました。
ごめんねママね今日は休めないの
がんばれるよねまーくん
じゃねいってきます
おかーさんはやくおむかえきてねー
ううう
保育園の朝は大いそがし
たったったっ
その件は明日の会議で
まーくん
かーさん
かーさんおそいー
わー
すぐごはんつくるからいそいでかえろ
ママー
どたどた
夕方のおむかえも大いそがし
こんな苦労が男にできるかバカヤロウ。
人生は女の方が絶対たのしい。

態度の違い

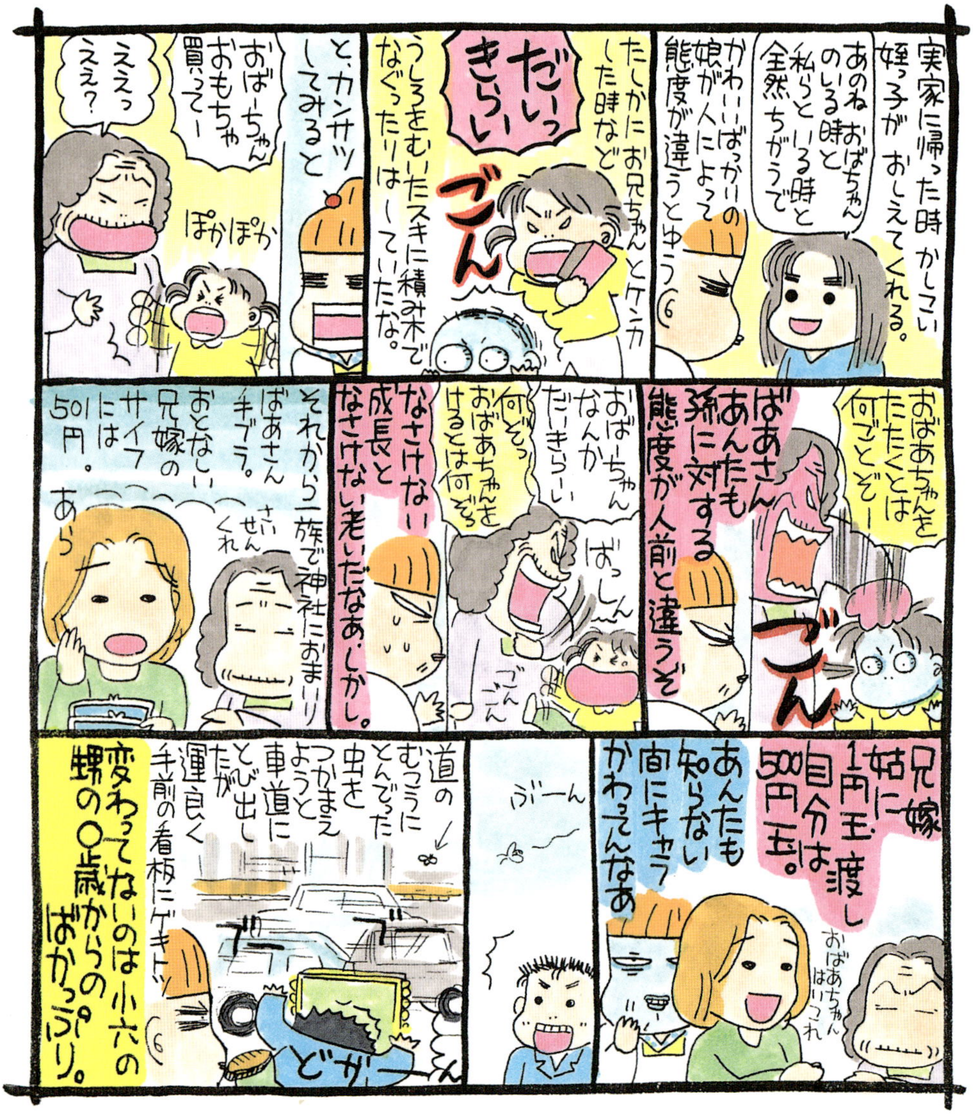
実家に帰った時かしこい姪っ子がおしえてくれる。
あのねおばあちゃんのいる時と私らといる時と全然ちがうで
かわいいばっかりの娘が人によって態度が違うとゆう
たしかにお兄ちゃんとケンカした時など
だいっきらい
ごん
うしろをむいたスキに積み木でなぐったりはしていたな。
と、カンサツしてみると
おばーちゃんおもちゃ買ってー
ぽかぽか
えええっええ?
おばあちゃんをたたくとは何ごとぞー
ごん
ばあさんあんたも孫に対する態度が人前と違うぞ
おばーちゃんなんかだいきらい
何ぞっおばあちゃんをけるとは何ぞっ
ばっしん
ごんごん
なさけない成長となさけない老いだなあしかし。
それから一族で神社におまいり
ばあさん手ブラ。
おとなしい兄嫁のサイフには501円。
さいせんくれ
あら
兄嫁姑に1円玉渡し自分は500円玉。
おばあちゃんはいこれ
あんたも知らない間にキャラかわってんなあ
ぶーん
道のむこうにとんでった虫をつかまえようと車道にとび出したが運良く手前の看板にゲキトツ
ブー
ブー
どがーーん
変わってないのは小六の甥の0歳からのばかっぷり。

いつまでも

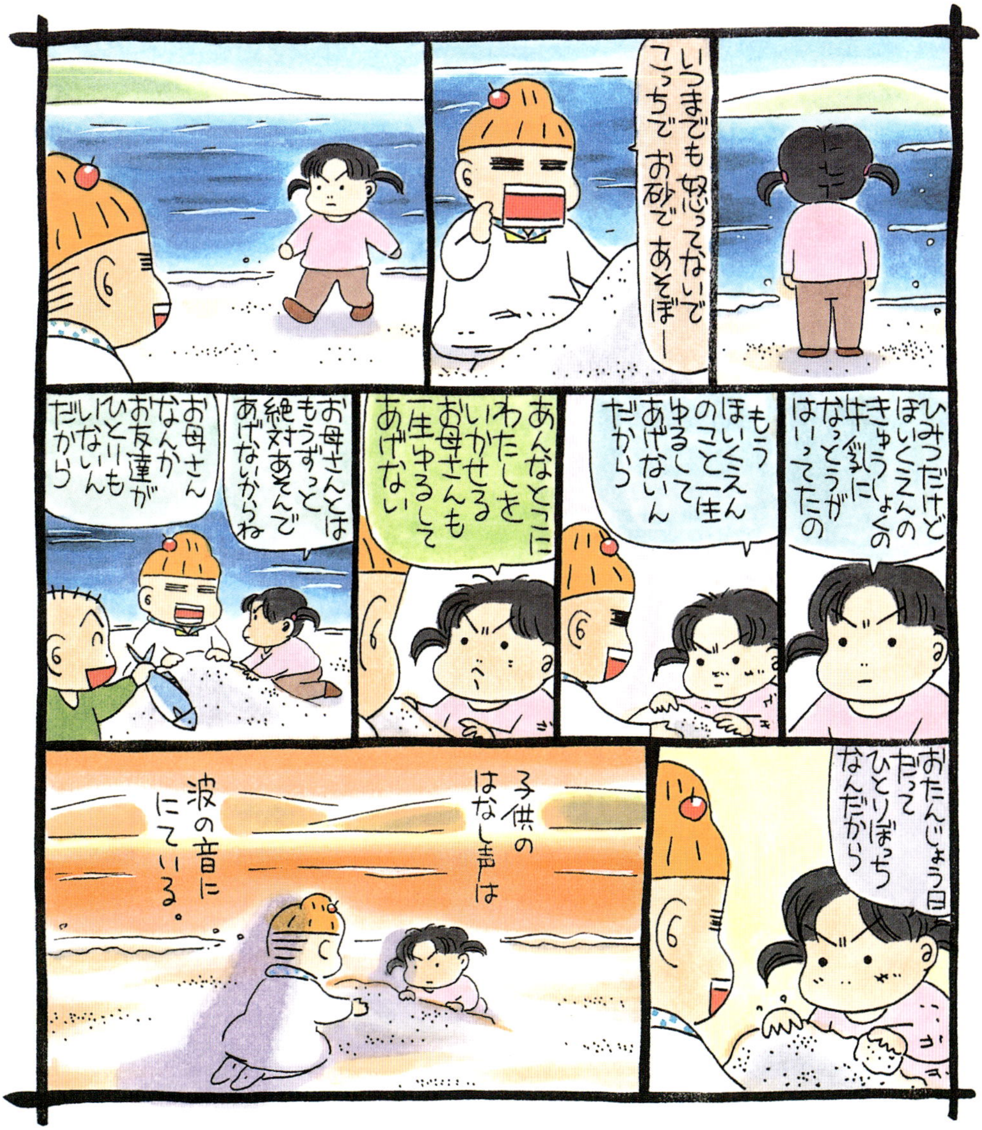
いつまでも怒ってないで
こっちでお砂であそぼー
ひみつだけど ほいくえんの きゅうしょくの 牛乳に なっとうが はいってたの
もう ほいくえんの こと一生 ゆるして あげないんだから
あんなとこに わたしを いかせる お母さんも 一生ゆるして あげない
お母さんとは もうずっと 絶対あそんで あげないからね
お母さん なんか お友達が ひとりも いないんだから
おたんじょう日 だって ひとりぼっち なんだから
子供の はなし声は 波の音に にている。

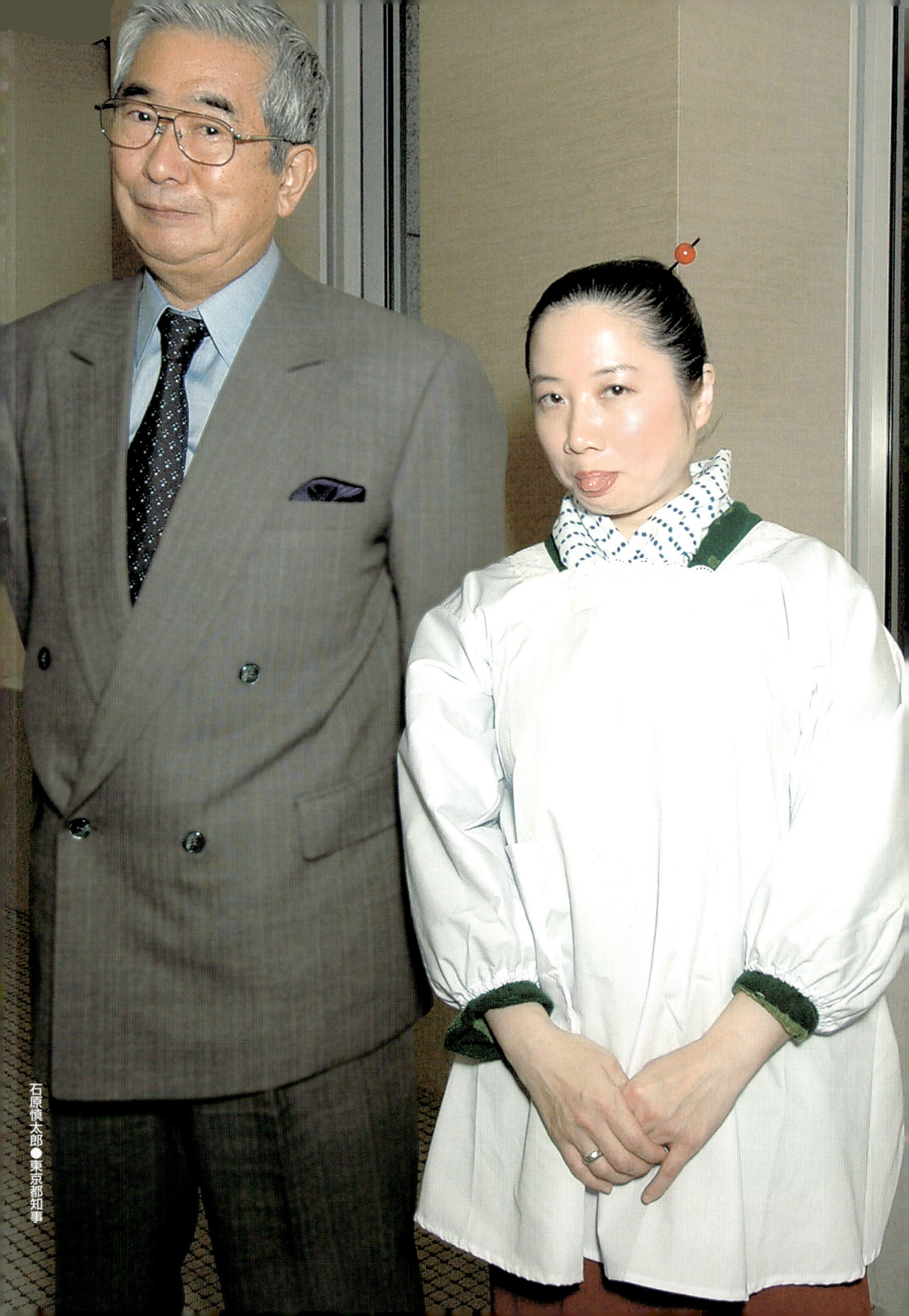

石原慎太郎●東京都知事

あとがきに代えて……石原サンに聞く

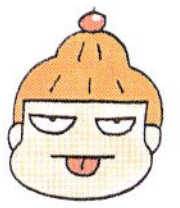

なんでそんな格好してるの？

こういうキャラクターで家族マンガ描いてるんです。

へえ。割烹着はいいもんだ。
何人お子さんいらっしゃるの。

5歳の娘と7歳の息子。

けっこうですねー。

亭主とは離婚しちゃったんですけどね。

えー？　なんで。

亭主の酒で。

酒は困るよな。
結婚前に一緒に酒飲んでてわかんなかったの？

私も酔ってたからわかんなかった(笑)。

それじゃ自業自得だ。一緒に人生に酔ってたんだね。

最近、私、何を書いていいかわからなくなって。
石原さんは何かを守りたくて書いているの？

守りたい？　僕なんか全部ぶっ壊したい(笑)。
まあ、自分の存在を表現したいということだな。
だって、人間いくら長く生きたって、
宇宙の年齢に比べりゃケシ粒みたいなもんだ。
自分がこの世にこんな風に生まれてきたのって、
面白くて、不思議で、楽しいじゃない。

楽しい。私も。

ねえ、楽しいよね。

いまがすごく楽しい。

そりゃ亭主と別れたからじゃないの(笑)。

そういうわけで父親がいなくなっちゃったんですけど。
子育てのアドバイスをください。

シングルマザーへのアドバイス？　ないね。

あらら(笑)。

僕の想像の域を超えている。
あなたの意のままに育てりゃいいのさ。
面倒くさがらないこと。
言葉よりスキンシップを大事にすること。
あと、子供に堪え性というか我慢することを教えてほしいな。
言いたいのはそれくらい。子供はありがたい。
子供は可愛いよ、ねえ。あなた、がんばんなさい。

ありがとうございます。
知事も早くカジノつくってください。

それがいろいろあって……
って何の話に来たんだよ(笑)。

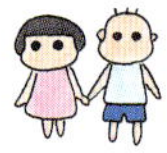

【初出】
「さいばらりえこの毎日かあさん」
毎日新聞生活家庭面2004年1月6日〜2005年2月1日
「アジアのこどもたち」
毎日新聞正月別刷2005年1月1日
他は描き下ろし

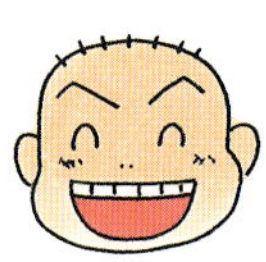

毎日かあさん2
お入学編

第1刷●2005年3月30日　第8刷●2007年7月25日

【著者】西原理恵子

【発行人】森戸幸生

【発行所】毎日新聞社
〒100-8051 東京都千代田区一ツ橋1−1−1
出版営業部●Tel 03 (3212) 3257
図書編集部●Tel 03 (3212) 3239

【印刷】東京印書館

【製本】大口製本

ISBN4-620-77055-8

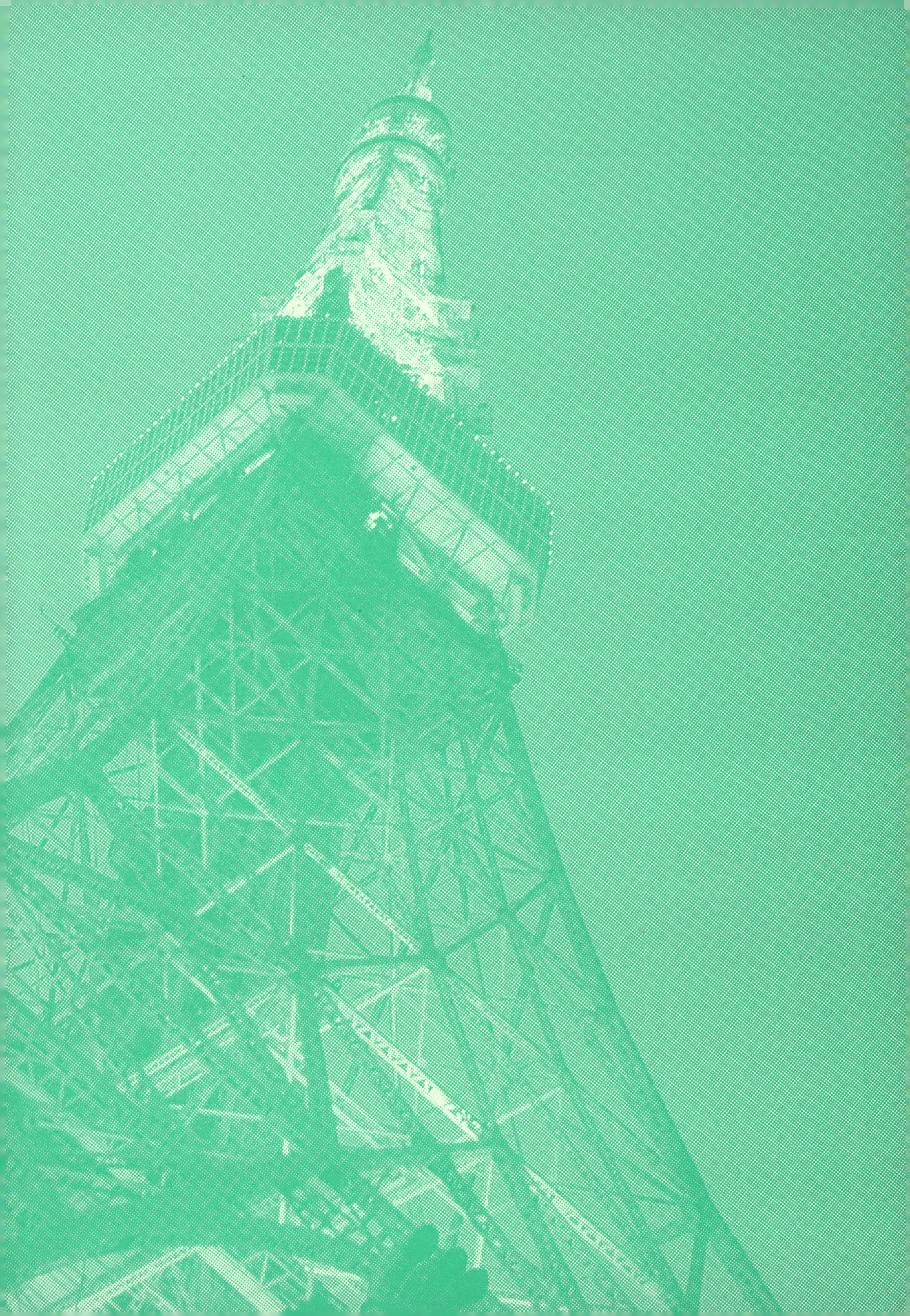